世界はいまどう動いているか

毎日新聞外信部 編著

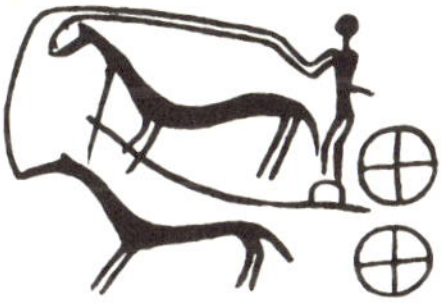

岩波ジュニア新書 445

はじめに

私たちが暮らす世界はどこに向かっているのだろう。戦争はなぜ、なくならないのだろう。なぜ、国と国は争ったり仲良くなったりするのだろう。各地の民族や宗教の対立は解決できないのだろうか。

みなさんがそんな疑問について考える手がかりになれば、と思って書いたのがこの本です。世界各国に住み、それぞれの国や地域のニュースを取材し、報道している毎日新聞の特派員《とくはいん》が分担して書きました。

＊　＊

「世界では、一秒ごとに四・一人が誕生し、一・八人が死亡する。」

アメリカ政府の国勢調査局が発表している推定です。いまこの一秒で、「おぎゃー」と四人の赤ちゃんが地球のどこかで産声《うぶごえ》をあげたのです。より正確な数字でいうと、一時間で一万四六九九人が生まれます。亡くなるのは六三三七人。差し引きすると、世界の人口は一時間ごとに八三六二人増える計算です。一年にすると七三二五万人。日本の人口の約六割に当たる数字です。猛烈《もうれつ》な勢いで人間は増えつづけています。

二〇〇四年一月一日の推定人口は六三億三九三八万四九一四人。あなたも私もその中の一人です。私たちは地球の六三億分の一にすぎない、といえるし、六三億人の兄弟姉妹に囲まれている、ともいえるでしょう。

でも、みんな平等でしょうか。一人当たりの国民総所得(年間、二〇〇一年の世界銀行統計)をくらべると、世界一の金持ちはヨーロッパのルクセンブルクで四万一七七〇ドル、約五〇〇万円です。日本は三番目で三万五九九〇ドル、約四三〇万円。統計の上では、生まれたばかりの子どもからお年寄りまで、日本人は一人当たり四三〇万円の所得があるということになります。

反対に最も貧しいアフリカのエチオピアやブルンジは一〇〇ドル、約一万二〇〇〇円で、日本の三六〇分の一に過ぎません。エチオピアの人三六〇人が集まって、ようやく日本人一人と同じ所得になります。あるいは、エチオピア人の一年間の所得は、日本人の一日の所得とほぼ同じだ、とも表現できます。この地球には、とんでもない貧富の格差が存在するのです。

＊　＊

地球にはいくつの国があるでしょう。これは、じつは難しい問題です。国連の加盟国を調べれば簡単だ、と思った人がいるでしょう。二〇〇三年七月現在で国連に加盟している国は一九一カ国です。でも地球のすべての「国」が国連に加盟しているわけではありません。たとえば、バチカン市国は国連に加盟していません。米英軍が占領しているイラクは、以前から国連に加盟していますが、二〇〇三年七月の時点では、イラク人による政府が発足していないので国連大使は空席です。

一方、国際オリンピック委員会(IOC)に加盟している国内オリンピック委員会(NOC)は一九九もあります。台湾や香港《ホンコン》、パレスチナは国連には加盟していませんが、IOCには加盟しています。オリンピック開会式にはそれぞれの旗を掲《かか》げて入場行進します。国連とオリンピックを見るだけでも、「国家」のイメージがさまざまであることに気付きます。

＊　＊

歴史には、人々の意識を大きく変え、社会や国際関係の劇的な変化のきっかけとなる事件や日付があります。

世界の現代史では二〇〇一年九月一一日がそうでした。アメリカのニューヨークとワシントンで起こった同時多発テロ事件。英語では「セプテンバー・イレブンス」、日本では

「9・11(きゅう・てん・いちいち)」の呼び方が定着しているようです。

私は当時、ワシントンで特派員の仕事をしていました。郊外の自宅からホワイトハウス近くの支局まで、毎日、自分で自動車を運転して通っていました。あの朝は、激しい渋滞《じゅうたい》になり、高速道路上で動けなくなってしまいました。ポトマック川にかかる橋を渡る時、ペンタゴン(国防総省)から黒い大きな煙が上がるのを見ました。ワシントン市内から市外に向かって自動車専用の高速道路を人々がひきつった表情で歩いています。連邦政府が緊急閉鎖され、職員の人たちが書類を抱えて逃げているのです。「この人たちはアメリカの戦争難民だな。こういう形で難民が発生するとは」と感じました。この日、アメリカの人々が抱いた驚き、悲しみと、「またいつテロ攻撃にやられるかわからない」という不安感は、いまも消えないのです。

アメリカのブッシュ大統領は「テロリズムとの戦争」を宣言しました。アメリカにつくか、あるいはテロリストにつくか、と世界各国に二者択一《にしゃたくいつ》をせまりました。ブッシュ政権の考え方は、これまでの国際社会の枠組みを大きくこえるものです。アメリカが攻撃されていなくても、脅威《きょうい》があるとみなせば、先に攻撃できる。外国の政権を自分の気に入るようにつくりかえる。国連が賛成しなくても、仲間の国を集めて戦争を始める。口でいったり、おどすだけではありません。アフガニスタン攻撃やイラク戦争で軍事力を使って実行したのです。

アメリカは世界で最も強い軍事力、経済力をもち、さらに最も詳しい情報を集めています。「9・11」のテロ攻撃を防げなかったアメリカは、しかし、「新しい帝国」として世界に君臨《くんりん》するようになりました。まるで国境など存在せず、全世界を自国の庭とでも思っているかのように、外国を軍事攻撃するのをためらいません。アメリカに歯向《はむ》かえば、政権が滅ぼされたり、いじめられるのを覚悟しなければなりません。アメリカの振る舞いは、日本の徳川幕府の武断政治を思わせます。イラク占領を追認した国連は、ブッシュ大統領に征夷大将軍《せいいたいしょうぐん》の位を認めたようなもので、朝廷の役割を果たしたともいえそうです。

＊＊

「9・11」で世界の様相は大きく変わりました。第二次大戦後の冷戦時代はソ連の崩壊で終わりました。冷戦後のグローバリズム(全地球化)によって世界が一体化するかもしれないという期待感にみちた時代は「9・11」で終わりました。「9・11」後の世界にまだ名前はありません。どこに向かっているのかも定かではありません。揺れ動く世界に生きる人々は不平等や差別と戦い、幸せと安定を求めて、日々の暮らしにそれぞれの生きがいを見いだしているのでしょう。

この本が、世界各地のきのうを学び、きょうを知り、あしたを考える助けになれば幸いです。

＊　＊

各国のデータは『世界年鑑二〇〇三年版』(共同通信社)や各国政府、国際機関の統計を使いました。写真は、とくに断っていない限り、各章を執筆した記者の撮影です。ジュニア新書編集部の山本しおみさんにお世話になりました。

二〇〇三年七月

毎日新聞外信部長　中井良則

目　次

「9・11」テロの標的になったニューヨークの世界貿易センタービルの隣に建つ教会の周囲には，今も犠牲者を悼む寄せ書きや思い出の品々が掲げられている(河野俊史撮影).

はじめに

目次

地図作製＝関根恵子

パレスチナとイスラエル

流血と憎悪の歴史をこえて

樋口直樹

ヨルダン川西岸のイスラエル政府未承認のユダヤ人入植地で，違法建築物を取り壊そうとするイスラエル軍と，抵抗するユダヤ人入植者．

【国名】 イスラエル

【面積】 2万2145平方キロメートル(東エルサレムとゴラン高原を含む)

【人口】 664万人(2002年，ヨルダン川西岸などの入植者を含む)

【首都】 エルサレム(国連総会は1947年にエルサレムを国際管理下に置くと決議しており，国際的には認められていない)

【住民構成】 ユダヤ人80%，アラブ系18%など

【宗教】 ユダヤ教79%，イスラム教16.9%(大半はスンニ派)，キリスト教2.1%

【国内総生産】 1110億ドル(2001年)

【1人当たり国内総生産】 1万8000ドル(同)

【政府名】 パレスチナ自治政府

【面積】 ヨルダン川西岸約5879平方キロメートル，ガザ地区363平方キロメートル(東エルサレムは除く．ユダヤ人入植地，イスラエル軍施設などイスラエルの実効支配地域を含む)

【人口】 西岸約230万人(東エルサレムを含む)とガザ地区約130万人(2001年)．その他，海外のパレスチナ人460万人(難民を含む)

【首都】 東エルサレムを首都とする独立国家建設を目指す

＊パレスチナ側の住民構成，宗教，国内総生産などは不明．

和平への新たな動き

世界地図をひろげてみよう。九州南部から同緯度を西方向へ真っ直ぐに指でなぞっていくと、中国、インド、パキスタン、アフガニスタン、イラン、イラク、ヨルダンとつづき、アフリカ大陸と地中海の接点に行き着く。東京から約九〇〇〇キロ。地図上にはイスラエルという小さな国が書きこまれている。でも、パレスチナという国は見当たらない。

詳細な地図には、イスラエルと東隣のヨルダンの間にあるひょうたん形の狭い地域(ヨルダン川西岸)が点線などで囲まれているはずだ。エジプト領シナイ半島に接した地中海沿いの長細い帯状の地域(ガザ地区)も、同じように点線などで区別されている。これらの地域はイスラエルの占領地で、おもにパレスチナ人と呼ばれるアラブ系の人たちの自治区になっている。「パレスチナ」という地名は、イスラエルと占領地を合わせたこの地域一帯の総称として使われている。

イスラエルと占領地のパレスチナ人および周辺アラブ諸国との間では、一九四八年のイスラエル建国を契機《けいき》に五〇年以上にわたって悲惨《ひさん》な殺し合いがつづいてきた。そして今、この

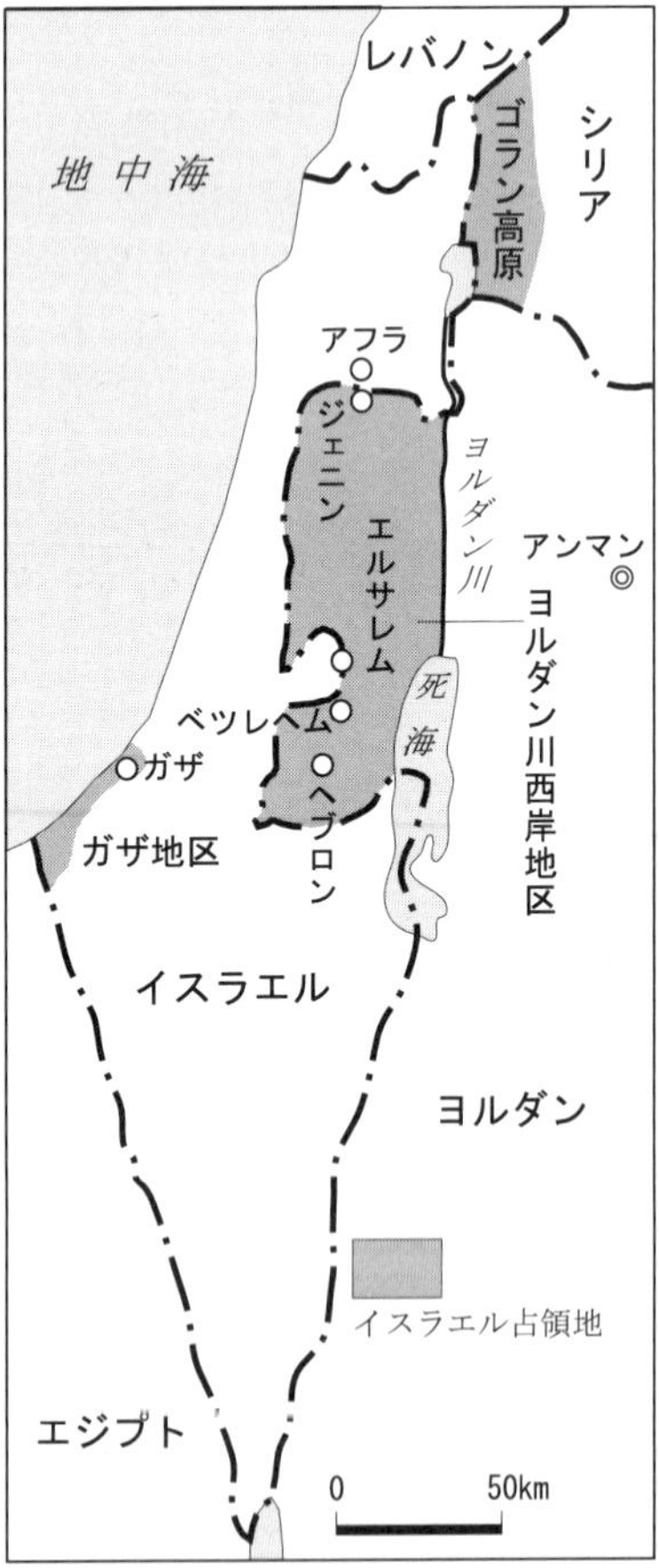

パレスチナ紛争の舞台

戦いに終止符を打ったため、パレスチナ人が自分たちの国をつくり、イスラエルと平和共存するための国際的な取り決めができた。「平和への道しるべ」という意味を込めて、この取り決めは「ロードマップ」(日本語に直訳すると「道路地図」)と呼ばれている。

ロードマップは米国と欧州《おうしゅう》連合(EU)、国連、ロシアが二〇〇三年四月三〇日、パレスチナ紛争の最終解決に向け、イスラエルとパレスチナ自治政府の双方に示した新和平案だ。二〇〇五年のパレスチナ独立国家樹立とイスラエルとの平和共存について、具体的なスケジュールなどを示している。

計画は三段階に区分され、二〇〇三年五月末までの第一段階で、パレスチナ側が暴力の即時無条件停止を宣言することになっている。イスラエルはパレスチナ市民への攻撃や追放措置などをやめ、二〇〇〇年九月の大規模衝突以降にヨルダン川西岸やガザ地区で占領した地域(一九九三年のパレスチナ暫定自治合意にともない自治区として認められたのち、再び占領された地域)から軍を順次撤退《てったい》させ、西岸やガザ地区へのユダヤ人入植活動を凍結する。

二〇〇三年六月から一二月までの第二段階では、暫定《ざんてい》的な国境線をもつパレスチナ国家を樹立し、二〇〇四～〇五年の最終段階で、パレスチナ国家とイスラエルとの間で恒久的《こうきゅうてき》な地位協定を締結することを定めている。

パレスチナ自治政府のアッバス首相は二〇〇三年四月末の首相就任時に「テロの放棄」を宣言したが、その後もパレスチナ武装組織の活動はつづいた。また、イスラエル側も入植活動の完全停止には応じていない。同年六月末には、おもなパレスチナ武装組織が対イスラエル停戦を宣言。イスラエル軍もガザ地区中北部や西岸自治区のベツレヘム中心部から撤退したが、イスラエルはパレスチナ側の一方的な停戦宣言を認めておらず、不安定な状態がつづいている。

そもそも、両者の争いが始まったのは、世界中に散らばって暮らしていたユダヤ人がパレスチナの地に自分たちの国をつくろうとしたことが契機だった。そこに住んでいたパレスチナ人の大多数は戦争などで故郷を追い出され、今度は自分たちの国をつくるためにイスラエルに激しく抵抗した。しかし、強力な軍隊をもつイスラエルに対し、政府や軍隊をもたないパレスチナ人の抵抗には限界がある。自分のからだに爆弾を巻きつけ、人混みの中で爆発させる「自爆《じばく》テロ」などは、長年の占領政策が生み出したパレスチナ人たちの「絶望」を象徴している。

一方、一般市民をねらったパレスチナ人の自爆テロなどは、ユダヤ人の間に新たな恐怖や怒り、不信感を植えつけた。そして、軍隊による過酷《かこく》な報復が、新たな自爆テロを生み出すという「暴力の連鎖《れんさ》」が起こっている。ロードマップはイスラエルとパレスチナの双方にこうした暴力をすぐに停止し、パレスチナ人が新しい国をつくろうとしている地域(ヨルダン川西岸とガザ地区)にあるユダヤ人用の住宅地(入植地)を、これ以上大きくしないように求めている。

パレスチナ人の代表でつくる自治政府とイスラエルは、ロードマップにしたがって戦いをやめようと決めたばかりだ。しかし、これまで敵どうしだった両者が安心して共存できるようになるまでには長い時間と努力が必要となるだろう。面積にして関東地方の三分の二ほどしかないパレスチナの地を分け合い、流血の歴史に終止符を打てるかどうか。イスラエル・パレスチナ間だけでなく、国際社会の英知が試されようとしている。

(注意)イスラエルではユダヤ人のほか、建国時に市民権を得たパレスチナ人も人口の二割近くを占めている。このため便宜上《べんぎじょう》、イスラエル国民全体を指す場合は「イスラエル人」との呼び名を使用する。

くりかえされる暴力

「あの子はきょう、二歳の誕生日を迎えるはずだったのに……」

二〇〇三年五月二日午後、パレスチナ自治区ガザ。一日未明《みめい》に始まったイスラエル軍の侵攻で末っ子のアミールちゃんを亡くした父親のアイヤドさんは、こう言ったまま言葉を失った。涙でうるんだまぶたは黒ずみ、泣き疲れた様子を物語っている。

アミールちゃんは一日の朝、たまたま室内の窓ぎわにいたところ、外から飛び込んできた銃弾《じゅうだん》に当たってしまった。屋外では高い建物の上から、イスラエルの狙撃兵《そげきへい》が動くものを手

イスラエル軍の侵攻で愛娘を亡くしたアイヤドさん．娘の死を伝える新聞を手に無念さを語った．

当たり次第に撃っていたそうだ。アミールちゃんの頭を貫通《かんつう》した銃弾がイスラエル軍のものなのか、これに抵抗していたパレスチナ武装勢力のものなのかはわからない。しかし、なんの罪もない小さな命が両者の争いの犠牲になったことだけは確かだ。

アミールちゃんは、米欧などから新中東和平案「ロードマップ」が提示された翌日に命を落とした。「昨日までは和平に期待をもっていた。でも、この先どうやって和平を信じろというんだ」とアイヤドさん。「自爆テロでイスラエルの子どもたちもたくさん死んでいるが、どう思うか」ときくと、「彼ら(イスラエル人)は、われわれと同じように苦しまなければ、真剣にこの紛争を解決しようとは考えないだろう」と答えた。

パレスチナの地は、暴力が新たな暴力を生み出す悪循環《あくじゅんかん》におちいっている。この暴力の連鎖の最も大きな要因のひとつは、イスラエルの占領政策にあるといっても過言ではない。イスラエルは一九六七年の第三次中東戦争で、東エルサレムをはじめヨルダン川西岸やガザ地区、シリアのゴラン高原、エジプトのシナイ半島を占領した。国連はイスラエルに対して、占領地からの撤退を求める一方、アラブ諸国には、イスラエルをふくむ中東のすべての国の生存権を認めるよう求めた（決議二四二）。イスラエルは七九年にエジプトと平和条約を結び、シナイ半島を返還したが、その他の地域はいまだに占領（東エルサレムとゴラン高原は併合）したままだ。

なかでも、わずか約三六〇平方キロの狭い地域に約一三〇万人（二〇〇一年当時）ものパレスチナ人が暮らすガザ地区は、世界有数の人口密集地であると同時に、戦車の砲弾《ほうだん》やミサイルなどが飛び交う激戦地でもある。自爆テロなどをくりかえすイスラム原理主義組織「ハマス」などに対し、イスラエル軍はこうした組織の幹部を殺害する作戦を強化した。二〇〇三年六月一〇日にガザ地区で再開された「暗殺作戦」は、街の真ん中で相手の自動車に武装ヘリコプターからミサイルを撃《う》ち込むという過酷なものだった。同様の作戦は一〇日から四日間つづき、合わせて二〇人以上のパレスチナ人が殺害された。その多くはたまたま近くに居合わせた民間人だった。

攻撃がひと段落した六月一五日にガザ地区を訪ねた。子どもをふくむ多数の市民が殺害されたことへの怒りが、イスラエルとパレスチナ自治政府による和平交渉への期待感を圧倒していた。喪《も》に服した街ではいたるところで「ハマス」などの旗がはためき、和平への失望感が反イスラエル武装闘争への支持層をひろげているように見えた。

一方、イスラエル側でもパレスチナ人に対するぬぐいきれない不信感が渦巻《うずま》いている。その代表がパレスチナ人による自爆テロだ。朝夕の通勤ラッシュでごったがえすバスの中で、また、買い物客でにぎわうショッピングセンターで、突然の爆発が多数の市民の命を一瞬にして奪ってしまう。目的のためには手段を選ばないという点では、イスラエル軍のミサイル攻撃と共通している。

二〇〇三年五月一八日午前六時、エルサレム北部の住宅街フレンチヒル。主要道路に面した大型路線バスの中でパレスチナ人が自爆し、乗客七人が死亡、約二〇人が負傷した。現場近くに住む二〇歳のイスラエル軍兵士、パンヒさんは、すさまじい爆発音と振動におどろいてベッドから飛び起きた。急いで外に出ると、無惨《むざん》に爆破されたバスからもうもうと煙が立

フレンチヒルで発生したパレスチナ人過激派による自爆テロの現場.

ちのぼり、路上では車外へ吹き飛ばされた数人の被害者がうめき声をあげていた。あたりには人のからだの一部が散乱している。

自爆テロ犯は、ユダヤ教徒が好む小さな帽子「キッパ」をかぶり、肩掛けのような祈禱《きとう》衣「タリート」を着てユダヤ人に変装し、車内に爆弾を持ち込んだ。

前夜には、シャロン・イスラエル首相とアッバス・パレスチナ自治政府首相が初会談し、和平のあり方を協議したばかりだった。この自爆テロは、イスラエルとの和平に反対し、力ずくですべての占領地を取りもどそうと考えるパレスチナ過激派組織による犯行だった。彼らは自爆テロなどで意図的にイスラエルとの間に緊張関係をつくりあげようとしている。

パレスチナ側に「テロの放棄《ほうき》」を掲《かか》げるアッバス首相が誕生し、和平機運が高まりつつある時期だった。パンヒさんは、「アッバス(首相)にはテロをとめる力があると信じていたが、結局、(従来通りのテロによる)政治ゲームに興じているだけなんだ」と失望の表情を浮かべた。

一七日夜の首相会談の直前にはヨルダン川西岸のパレスチナ自治区ヘブロンで、一九日夕にはイスラエル北部のアフラでもそれぞれ自爆テロが発生し、一七日夜から一九日夕までのわずか二日間で一二人もの犠牲者を出す事態に発展した。後日、ヘブロンとエルサレムの自爆テロ犯は、いずれもヘブロンの科学技術専門学校の学生だったことが判明した。イスラエル紙「ハーレツ」によると、同校の学生からはこれまでに二〇人以上の自爆テロ犯が出ており、イスラエル軍が数カ月前に学校を閉鎖《へいさ》したばかりだった。今回の事件後、ヘブロンでは自爆犯をたたえるビデオテープが出まわり、彼らは生前に収録されたテープの中でアッバス首相による和平努力やイスラエルとの治安協力に反対していたという。

争いの根源

ユダヤ人が多く住むエルサレム新市街(西エルサレム)。豊かな緑に包まれた閑静《かんせい》なヘルツェルの丘近くに、ヤド・バシェムと呼ばれるホロコースト記念館がある。第二次世界大戦中、ナチス・ドイツに虐殺《ぎゃくさつ》された六〇〇万人ともいわれるユダヤ人を慰霊《いれい》し、ナチスの蛮行《ばんこう》を後世に伝えるために建てられた。館内には、ナチスによって差別され、ゲットーと呼ばれる隔離された場所で暮らすユダヤ人たちのようすが、大量の写真や克明《こくめい》な記録によって示されている。道ばたで飢《う》えて横たわる子どもたちや兵士に追い立てられる幼子を抱えた母親、骨と皮だけになった遺体の山を写した写真は、そのままユダヤ人に対する差別と迫害の歴史を物語るものだ。

ユダヤ人の迫害の起源は約二〇〇〇年前にさかのぼる。イエス・キリストがユダヤ人の告発によって十字架にかけられたことから、ユダヤ人はのちのキリスト教社会で「神(キリスト)を殺した罪」に問われた。ローマ帝国のコンスタンティヌス大帝(二七三年ごろ〜三三七年)がキリスト教を公認したころから、キリスト教国での差別と迫害が本格化。ユダヤ人は改宗をせまられ、これを拒《こば》むと火あぶりにされるか、追放された。ナチスによるユダヤ人の大量虐殺はこうした迫害の歴史の中で起こった。一九四八年のイスラエル建国は、差別や迫害に苦しみつづけてきたユダヤ人たちが、自分たちの国をつくる以外に幸福と安全を実現する方法はないと考えたからだった。

しかし、世界中に離散《りさん》したユダヤ人が十九世紀末に新たな国づくりの場所として選んだパレスチナの地には、一八七八年の時点で約四〇万人のイスラム教徒と約四万四〇〇〇人のキリスト教徒、約二万五〇〇〇人のユダヤ教徒が住んでいたとする調査がある。一九一四年ごろまでにパレスチナに到着したユダヤ人は全人口の一割にあたる約八万五〇〇〇人にのぼった。その後もユダヤ人が土地を買い集め、海外から大量に移住し始めると、危機感を強めたパレスチナ人との間で争いが頻発《ひんぱつ》するようになり、ついには本格的な戦闘に発展した。パレスチナ紛争の始まりだ。

十九世紀後半、東欧のユダヤ人たちが中心となってパレスチナに「ユダヤ人国家」建設をめざすシオニズム運動が誕生したころ、この地はオスマントルコの支配下にあった。一九一四年に勃発《ぼっぱつ》した第一次世界大戦でオスマントルコがドイツと手を組むと、英国はユダヤ人を味方につけるため、パレスチナにユダヤ人の「民族郷土」を建設することを認めた。これは当時の英国外相の名をとって「バルフォア宣言」と呼ばれている。

一方、英国はほぼ同時期に、オスマントルコからの独立をめざしていたアラブ人にも、戦争での協力とひきかえにパレスチナでのアラブ国家建設を約束していた。メッカの太守フセインとエジプト駐在《ちゅうざい》の英国高等弁務官マクマホンの間で交わされたこの約束は「フセイン・

マクマホン書簡《しょかん》」と呼ばれる。一つの土地に異なる二つの国家建設を約束した英国の「二枚《にまい》舌《じた》」外交は、ユダヤ人とパレスチナ人(アラブ人)の争いを決定的にした。パレスナナ紛争の影には、パレスチナの地で影響力を行使したいと考える大国の思惑《おもわく》がからんでいるのだ。

国連は一九四七年、パレスチナを分割して領土の五四%をユダヤ人に、四六%をパレスチナ人に与える決議案(決議一八一)を採択した。しかし、当時パレスチナに住んでいたユダヤ人人口は全体の約三割、所有地は六%ほどだった。ユダヤ人は決議を受け入れたが、パレスチナ人はこれを拒否した。翌四八年、建国を宣言したばかりのイスラエルにエジプトやシリアなどのアラブ連合軍が攻め込んだが、イスラエルは逆にこれを押し返し、独立を守った。建国以来四回の中東戦争で領土をひろげてきたイスラエルに対し、パレスチナ人は難民として周辺諸国へ離散したり、占領地で抑圧された生活を送りつづけている。

和平を望まない勢力も

二〇〇三年六月四日、ふだんはのどかなヨルダンの保養地アカバは、いたる所に軍の検問《けんもん》所《じょ》が設けられ、ものものしいムードに包まれた。紅海《こうかい》に面した王宮で、ブッシュ米大統領とシャロン・イスラエル首相、アッバス・パレスチナ自治政府首相、アブドラ・ヨルダン国王が会談し、新中東和平案「ロードマップ」に基づくパレスチナ紛争解決への糸口をさぐっていたからだ。会談終了後、記者団の前に姿をあらわした四人の首脳は、パレスチナ国家の樹立によるイスラエルとの「二国平和共存」を誓《ちか》い合った。和平ムードを演出する四首脳の姿をながめながら、私は別の光景を思い浮かべていた。ガザ地区で銃を振りかざすイスラム原理主義組織「ハマス」の戦闘員たちの姿と、ヨルダン川西岸などで拡大しつづけるユダヤ人入植地の風景だ。

パレスチナ自治政府と一定の距離を保ち、独自の軍事力をもつハマスは、パレスチナの地にイスラエルが存在することを認めていない。他方、ユダヤ人入植者は政府の方針よりも宗教的な信念を優先し、パレスチナ国家の建設が予定されているヨルダン川西岸などで自分たちの居住区を増やしつづけている。すでに入植地は約一四〇カ所にものぼり、入植者人口は計二二万人にふくれあがっている。ハマスとユダヤ人入植者はたがいに対極にありながら、どちらも相手の存在を認めず、和平を望まない点では共通している。

さらに、占領下にあるパレスチナ人の間では、イスラエルとの抗争が激しくなればなるほど、抵抗勢力としてのハマスの支持率が上昇する構造になっている。また、ヨルダン川西岸などの戦略的要衝《ようしょう》に居座るユダヤ人入植者にとっても、パレスチナ勢力との緊張関係は、み

ガザ地区でパレスチナ人少女の遺体をはこぶ民衆．少女はイスラム原理主義組織「ハマス」の幹部をねらったイスラエル軍のミサイル攻撃の巻き添えになった．

ずからの国防的な存在意義を主張する拠《よ》り所《どころ》の一つになっている。つまり、両者はたがいの存在を必要としあう奇妙なバランス関係にあるといえる。

イスラム原理主義組織「ハマス」は、パレスチナ民衆によるインティファーダ（反イスラエル闘争）が始まった一九八七年にガザ地区で誕生した。パレスチナ自治政府の中心である「パレスチナ解放機構」（ＰＬＯ）の主流派ファタハが宗教とは切り離した世俗的なパレスチナ国家の建設をめざしているのに対し、ハマスはパレスチナ問題を「イスラム対ユダヤ」という宗教的闘争として位置付け、イスラエルの生存権を認めないまま独自の武闘路線を歩んできた。

「カッサム隊」と呼ばれる軍事部門に数百人規模の戦闘員を抱える一方、教育や福祉事業などの政治活動を充実し、ガザ地区を中心に特に貧困層で支持基盤をひろげた。二〇〇三年四月にパレスチナ側でおこなわれた世論調査によると、組織別の支持率では一位のファタハ(二三%)と二位のハマス(二二%)はほぼ同率。個人別でも、トップのアラファト自治政府議長(二一%)に、二位のハマスの精神的指導者ヤシン師(一〇%)がつづいている。

和平への課題

イスラエルとパレスチナの関係を図式化すると、ふたつの円が一部で重なりあう集合図になる。重なりあう部分は「ロードマップ」が描くパレスチナ独立国家樹立による「二国平和共存」を支持する勢力で、イスラエルの中道左派やパレスチナの穏健派などがふくまれる。共通部分の両脇に位置するのが、和平に反対するハマス中心の過激派組織とユダヤ人入植者などに代表されるイスラエルの極右勢力だ。問題は、自爆テロと暗殺による報復という暴力の連鎖を生み出しているのが、集合図の両端に位置するハマスなど一部勢力にすぎないのに、暴力によって拡大再生産される憎悪が、中間部分に位置する大多数の穏健派勢力をも引き裂

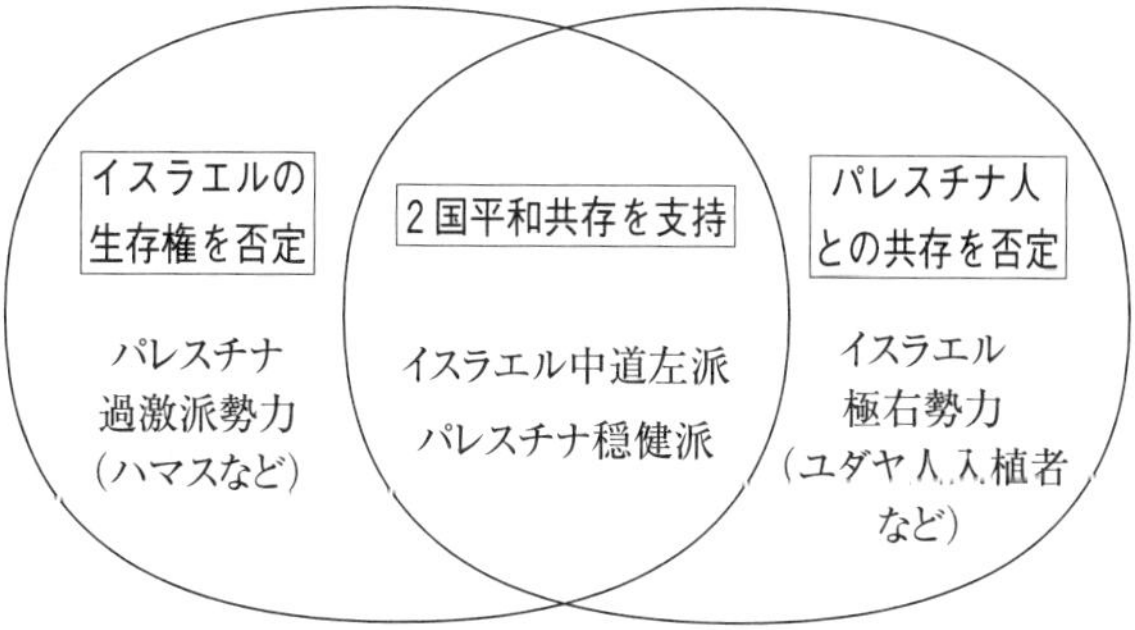

イスラエルとパレスチナの相関関係

こうとしていることだろう。

イスラエルが「ロードマップ」を受け入れたのは正しい選択だったが、パレスチナ国家樹立による和平が実現するかどうかは疑問――。イスラエル紙「イディオト・アハロノト」が二〇〇三年五月に実施した世論調査からは、パレスチナ国家との平和共存に期待しつつも、将来を楽観視することができないイスラエル人の複雑な心境が浮かび上がった。

世論調査によると、「イスラエルはロードマップに賛成すべきだ」と答えた人は全体の五六%で、反対の三四%を大きく上回った。しかし、「ロードマップの履行《りこう》によってテロは減少すると思うか」との問いでは、「減少するが止まらない」(三四%)との回答が最も多かったものの、「現状維持」(二八%)と「増加する」(二三%)を合わせ過半数が悲観的な見方を示した。また、二〇〇五年までにパレスチナ国家の最終的な地位を定めるよう求めているロードマップの規定について、「実現するとは思わない」(五一％)が「思う」(四三％)をわずかに上回った。

パレスチナ情勢にくわしいイスラエル人ジャーナリストは、「多くのイスラエル人は平和に生きる道を模索《もさく》し、ロードマップに期待している。しかし、これまでに同様の和平案が何度も浮かび上がっては消えてゆくなかで、イスラエル人は和平のゆくえに懐疑《かいぎ》的になっている」と分析している。

アラブ諸国にかこまれ、つねに国家存亡《そんぼう》の危機を意識してきたイスラエルは、建国以来、国防・治安対策を国策の最優先課題としてきた。国土がせまいイスラエルは、国家防衛に必要な「緩衝地《かんしょうち》」として占領地を手に入れたが、占領地に住むパレスチナ人の怒りをも抱え込むことになってしまった。パレスチナ人の抵抗を抑え込むための多額の国防費は国家予算を圧迫し、経済の疲弊《ひへい》につながる。また、過酷な占領政策は国際世論の強い反発を呼んでいる。パレスチナ側もまた、テロによる抵抗だけでは悲願の独立国家樹立は不可能だと考え始めている。暴力では何も解決できないことに双方が気付いたその時こそ、長い流血の歴史に幕を閉じるチャンスなのかもしれない。

イラク

戦後の混乱のなかで

小倉孝保

フセイン政権が崩壊したバグダッドでは，フセイン大統領の肖像画にかわって，イスラム指導者の肖像画が多くみられるようになった．

【国名】 イラク共和国
【面積】 43万8317平方キロメートル
【人口】 2424万人(2001年)
【首都】 バグダッド
【住民構成】 アラブ人80%，クルド人17%，このほかトルクメン系，アッシリア系など
【宗教】 イスラム教が97%前後(そのうちシーア派60%，スンニ派40%)，キリスト教，ユダヤ教など
【国内総生産】 278億ドル(2001年推定)
【1人当たり国内総生産】 1180ドル(同)

バグダッド陥落の理由

二〇〇三年三月二〇日未明、米軍はついにバグダッド空爆《くうばく》を開始した。そして間髪《かんはつ》をいれずに、クウェートから地上軍を展開、四月に入ると米軍部隊は首都バグダッドにせまった。イラク中部のナシリア、カルバラ周辺で、米軍はイラクの誇る精鋭《せいえい》部隊である共和国防衛隊によるきびしい抵抗を受けた。そのため、「バグダッドでは血みどろの地上戦が展開されるのでは」と予想されたが、バグダッドに入ってからの進軍は早かった。

サダム国際空港を制圧するとすぐにバグダッド中心部に進撃。イラク側は思ったような抵抗をみせず、拍子《ひょうし》抜けとさえ思える状況だった。そして、四月九日、米軍はバグダッドの西方からチグリス川をわたり、バグダッド全土を支配下におく勢いをみせた。

これにあわせて、サダム・フセイン政権下で弾圧を受けたイスラム教シーア派貧民層の町サダム・シティ(現在はシーア派聖職者の名をとりサドル・シティと呼ばれる)の住民が反フセインを叫んで蜂起《ほうき》。シーア派の反政府運動を警戒したフセイン政権下で閉鎖されていたモスク(イスラム礼拝堂)の扉《とびら》を住民たちがこじ開け、政権に公然と反抗した。

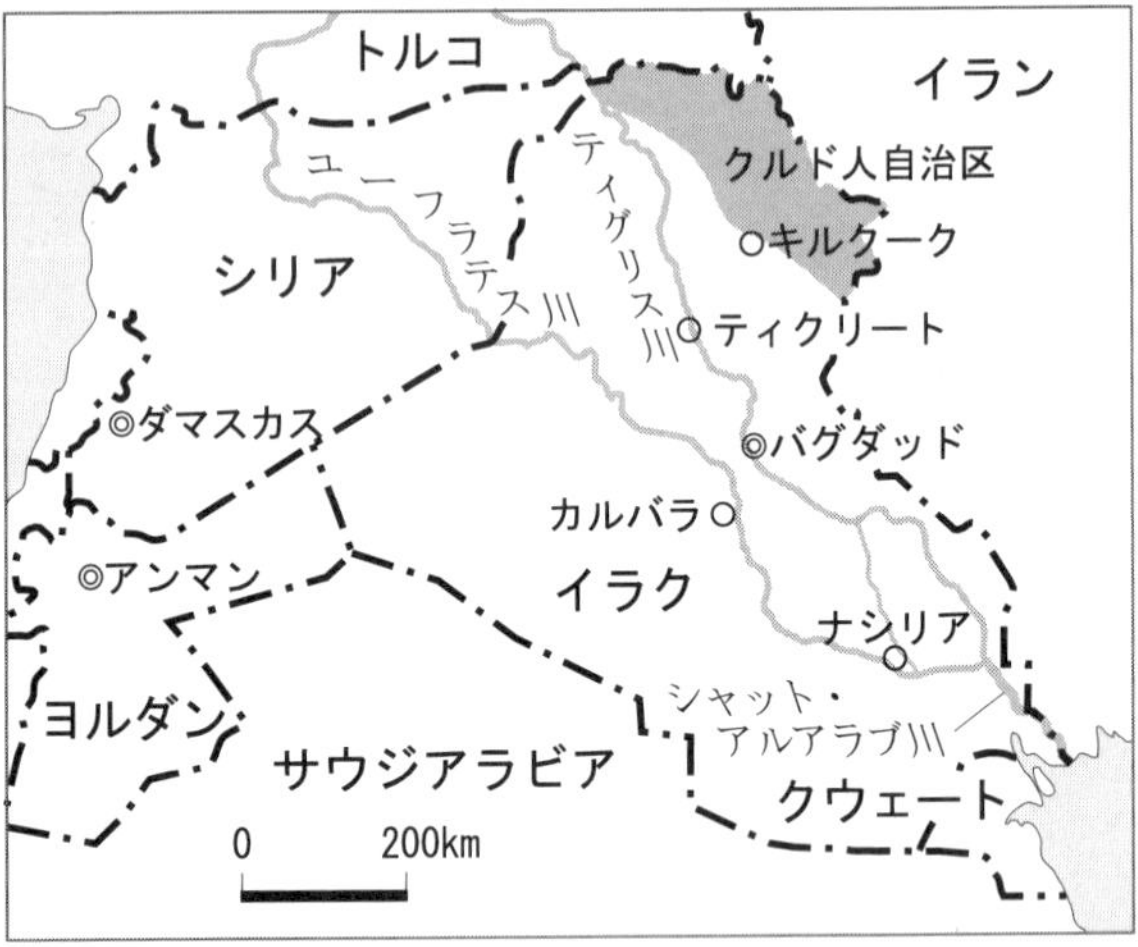

前日まで街のあちこちに配置されていた警官や兵士の姿は、九日朝から完全に消えた。英国ＢＢＣの特派員は「治安部隊の姿がみえません」と伝えた。外国通信社は、世界各国のジャーナリストを監視する情報省幹部の姿も消えたと報じた。

夕方には、米軍戦車はバグダッド中心部サドゥーン通りにある広場に入った。ジャーナリストのたまり場となっているパレスチナ・ホテル前の広場だ。多くの住民が米兵を歓喜《かんき》をもって迎えた。サダム・フセイン大統領によるる悪政からついに解放されたことを身をもって感じている様子だった。

集まった住民は、広場にある大統領の大きな像を倒そうと銅像の首に太いロープをかけた。前日までは、住民の抑圧を象徴《しょうちょう》するように堂々と立っていた銅像だ。夕日が長い影をつくっていた。

住民が力をあわせてひっぱるが、銅像はびくともしない。ノセイン政権下での市民の力の弱さを象徴しているようだった。住民は米兵に援軍《えんぐん》をたのみ、戦車が広場の中心部に乗り上げた。ロープを戦車でひくと、銅像はゆっくりとその姿を傾けた。二四年間にわたってイラクを治め、世界を震撼《しんかん》させつづけたフセイン政権が倒れた瞬間だった。

戦争前には、「武器はなくても最後まで米軍と戦う」と声高《こわだか》に叫んでいたイラク市民は結局、ほとんど抵抗をみせなかった。たしかに、中部や南部で米軍はイラク軍による反撃にあったが、首都に近づくとイラク軍は敗走した。

カイロ特派員としてイラク戦争を取材してきた私は、日本の知人から、「どうして、米軍はあれほどあっさりとバグダッドに入れたのか」ときかれることがあった。

その答えは、「フセイン政権とはどんな政権だったのか」ということにある。徹底した独裁政治のもとで国民は恐怖にふるえていた。フセイン大統領にとっては力だけがたよりで、国民は政権に対する愛着や信頼感、それに自分たちのつくった政権であるという意識をほとんどもっていなかった。それを示すエピソードを紹介しよう。

戦前のイラクはメディア統制がきびしく、外国人記者が自由に取材をすることは難しかった。取材には、ガイドと呼ばれる情報省プレスセンター職員が同行する。写真撮影などの監視役だ。ガイドを横にしながら一般の人たちから話をきいたところで、人々は「フセイン大統領こそわれわれイラク人の父である」「私は大統領と運命をともにする」と語るだけだ。

しかし、ガイドも「人の子」である。つねにいっしょに行動していると、たがいに親しさを感じるようになる。戦争は避けられないという空気がただよいはじめた二〇〇三年三月初め、旧知のガイドが小さな声でつぶやいた。「米軍が攻めてきても、イラク人はほとんど抵抗しないだろう。だれも、大統領のために命を投げ出す者なんていない」

戦争前、息子を徴兵《ちょうへい》で北部キルクークの防空部隊に送る父親を取材したことがあった。「大統領のために勇敢《ゆうかん》に戦ってほしい」と語っていた父親が取材後、私のホテルを訪ねてきた。父親は、「ガイドのいないところでイラク人の本音をきいて欲しい。この思いを世界の人々に伝えたい」と語り、「息子を戦場にやってうれしい親はいない。イランとの戦争もクウェート侵攻も、すべてサダム(フセイン大統領)が仕掛けたまちがった戦いだった。イラク人はこれ以上、サダムのために苦しみたくない」と訴えた。米軍が予想以上に順調にバグダッドに侵攻した背景には、フセイン政権に対するこうした隠れた不満があったのだ。

フセイン政権の二四年間

では、フセイン政権とはどんな政権だったのか。大統領の二四年におよぶ政治を振り返ってみよう。

フセイン大統領によるイラク統治を語るとき、徹底した恐怖政治を語らずにはいられない。中東諸国には独裁色の強い政権は多いが、フセイン政権はその中でも特別だった。国民は「人類史上、これほど怖い指導者は想像できない」と語った。靴磨《くつみが》きや新聞売りに姿を変えた秘密警察の監視《かんし》の網《あみ》が国内各地にはりめぐらされ、国民はつねに治安当局の目を気にしながら生活していた。

「大統領の悪口を言っただけで舌を切られた」「大統領のポスターにコーヒーをかけただけで処刑された」など、残忍な噂《うわさ》は絶えなかった。国民は大統領宮殿を指差すことや、町のあちこちにある大統領の銅像に向かって笑うことさえ許されないと恐れていた。大統領の銅像を笑うと秘密警察に見つかり、徹底した調査を受ける。

一九八〇年代までには、町のあちこちにフセイン大統領の私書箱が置かれたほか、大統領府への直通電話もでき、密告制度が完成されたといわれる。「イラク国民は自分以外に信用する者はない」とさえいわれた。

反体制思想を疑われて逮捕されると、刑務所ではツメを抜かれたり、麻酔《ますい》なしで歯を抜かれた。また、時には殺害されるといわれた。石油など巨大な資源をもっているにもかかわらず、国連の経済制裁により貧しい生活を強いられる国民は、大統領に反感を抱きながらも、こうした恐怖、密告政治下で「大統領に最後まで忠誠を尽くす」と発言するしかなかった。

大統領の神聖化は徹底しており、町のあちこちには大きな銅像、肖像画《しょうぞうが》が並んでいた。教科書の最初のページには、フセイン大統領の写真がのせられ、学校では子どもたちが毎朝、大統領に対する敬意を表明した。テレビでは毎日、国民にかこまれ指導者として尊敬を受ける大統領の姿が放送された。

化学兵器の恐怖も振りまき、イランとの戦争中の一九八八年には、イラン南部の要衝《ようしょう》アフワズに毒ガスミサイルを打ち込んだほか、国内でも反政府運動をおこなう北部のクルド人に対して化学兵器を使用し、約五〇〇〇人を殺害した。

家族と故郷ティクリート出身者への優遇策《ゆうぐうさく》も目立った。長男ウダイ氏は五輪委員会委員長、国会議員など要職を務め、「好きな女性はすべてものにする」といわれた。娘をもつ国民は「ウダイにだけは娘を見られたくない」と恐れていた。また、次男クサイ氏は共和国防衛隊責任者、バース党地域指導部のメンバーに就任してフセイン後継の最有力者だった。

そのほか、実父の家系のいとこであるアリ・ハッサン・アル・マジド元国防相は国内治安の責任者の一人で、国内の反対者に目を光らせ、母方のアドナン・ハラッラー氏は軍を掌握《しょうあく》。さらに、義父の家系であるバルサン・イブラヒム氏は国内諜報《ちょうほう》を担当して、反政府主義者の取り締まりをおこなうなど、家族、親族で国民を徹底監視した。一九八〇年代の石油収入や、一九九〇年に国連の経済制裁が始まってからも石油の密輸、たばこの専売によって得た収入の多くを、大統領とその家族が分けあったとされる。

戦争続きの二四年でもあった。一九七九年に隣国イランで、イスラム教シーア派による革命が発生すると、翌八〇年、大統領はイランとの間でシャット・アルアラブ川の領有について合意したアルジェ協定を破り、「革命の輸出阻止《そし》」を旗じるしにイラン領に攻め込み、八年間におよぶイラン・イラク戦争に突入した。

この戦争でイラクは米国やペルシャ湾岸のアラブ諸国から軍事支援を受け、地域の軍事大国に育っていった。そして、イラン・イラク戦争が終了すると、一九九〇年八月には、今度はクウェートに侵攻《しんこう》、「クウェートはイラク領土の一部」と主張した。九一年一月には、米国を中心とする多国籍軍と戦火をまじえ、その後は国連からきびしい制裁を課せられ、人々は貧困にあえいだ。

しかし、私がカイロ特派員になった二〇〇〇年秋当時、イラクは国際社会からの孤立から脱却しそうな勢いだった。湾岸戦争からほぼ一〇年がたち、イラクの周辺諸国に対する脅威が深刻でなくなったことと、制裁による一般住民への影響が人道上問題だとされたためだ。

クウェート侵攻を機に始まった国連の対イラク制裁は、湾岸戦争(一九九一年)が終わった後も、イラクが大量破壊兵器廃棄《はいき》やクウェート人捕虜《ほりよ》の返還など国連決議を完全には履行《りこう》していないことを理由に継続していた。

経済制裁によってイラクは深刻な物資不足にみまわれた。とくに、薬品、食品の不足は子どもやお年寄りなど社会的弱者に重くのしかかった。国際社会から国連制裁に対する批判が強まり、国連は一九九六年、食料や医薬品を購入する目的に限り、イラクの石油輸出(オイル・フォー・フード)を認めた。

これを機会にロシアやフランス、中国などがイラクで積極的なビジネスを展開する。二〇〇〇年になると、湾岸戦争以後、閉鎖されていたバグダッドの国際空港が再開。隣国ヨルダンやシリアからぞくぞくと航空機がバグダッドに到着し、ヨルダンからは閣僚《かくりよう》がイラクを訪問するなど、フセイン大統領の生き残りを印象づけた。

イラクにとって追い風だったこの状況が一転したのが、二〇〇一年九月一一日に発生した米国での同時多発テロだった。テロとの戦いを公言したブッシュ米政権は、「世界の独裁指導者がテロリストと結びつき、大量破壊兵器を渡したらどうなるか」と述べ、フセイン政権打倒の必要性を訴えるようになる。

二〇〇二年秋になると、一九九八年一二月以来中断されていた大量破壊兵器の査察を再開することで国連とイラクが合意し、一一月、四年ぶりに査察がおこなわれた。

変化を期待していた人々

このころになると、世界の目はイラクに集まり、各国のジャーナリストがバグダッドに集まった。私もイラクをたびたび訪れ集中的な取材をしたが、住民の中に変化への強い期待があるのを感じた。

イラク情報省前に雑貨屋《ざっかや》があった。たばこやチョコレートなどを売るプレハブ建ての小さな店だ。この店員に以前、大学教授をしていた男性がいた。

国連の経済制裁で公務員の給料は月数ドルから一〇ドル程度。この男性も家族を養っていくことができなくなり、研究者としての生活をあきらめ雑貨屋で働くようになった。ここでは、外国人記者からのチップだけで公務員の給与をこえる。

この男性は「制裁はわれわれから誇りを奪った。イラク人は何よりもまず、生きていくことを優先させるようになった」と話した。公務員の副業《ふくぎょう》が認められ、多くの公務員がこの男性のように雑貨屋で働いたり、タクシー運転手をするようになった。

筆者の知りあいのマハムードさんの妻は女子高の英語教師だが、教師としての月給は約二ドル。町でシシケバブ(串焼肉《くしやきにく》)を買うだけで月給は消えてしまう。それでも毎朝、遅刻もせずに学校へ出勤しつづける彼女は、「お金のために働くわけではありません。子どもたちに、英語を身につけ国際社会で生きていく力をそなえてほしいのです」と語った。

彼女はこうも言ったことがある。「米軍の攻撃は怖くありません。制裁つづきのこの状況にイラク人は疲れきっているのです。」人々の制裁へのこうした不満は、形をかえたフセイン政権への抗議でもあったのだ。

国連の査察で大量破壊兵器は発見されなかった。にもかかわらず、米英両国はフセイン大統領は査察に協力的でないとして軍事攻撃に傾斜していった。二〇〇三年になって、米軍のイラク攻撃は不可避《ふかひ》という空気が流れ、イラク全土で連日、米軍の軍事攻撃に反対し大統領を称《たた》えるデモがおこなわれた。

しかし、デモ参加者の心の中に、現在の閉塞《へいそく》状況に風穴《かざあな》があくなら米軍の軍事攻撃もやむをえないという気持ちがひろがっていたことは間違いない。バグダッドの広場でフセイン大統領の銅像を引き倒した住民のエネルギーも、こうした感情が基礎になっている。

長引く戦後の混乱

私はイラク戦争開戦前にバグダッドから隣国ヨルダンの首都アンマンに移り、フセイン政権崩壊直後の二〇〇三年四月一一日、再びバグダッド入りした。一カ月ぶりのバグダッドでは、あちこちに焼けたイラク軍の戦車が放置され、中央官庁の多くの建物は空爆を受け、破壊されていた。

政府高官はすでに逃亡していた。無政府状態になったことで、一部の住民が争うように政府機関やホテルなどから金目《かねめ》のものを略奪《りゃくだつ》していた。政府幹部の自宅や大統領宮殿などを訪ねたが、シャンデリアやテーブル、ソファなどはもちろん、電気のコードやコンセントまでが盗まれていた。無政府状態という現実が人々の身に重くのしかかっているようだった。

しばらくすると、活動を禁止されていた共産党や宗教政党などがバグダッドで事務所を開いたほか、政府系新聞しかなかったこの国で、ひさしぶりに自由な新聞が次々と発行された。

フセイン大統領の銅像が立っていた広場には、若い地元芸術家たちによる新しい自由の像が建てられた。若者たちは「民族、宗派の違いをこえ、市民の力で自由で民主的な国をつくりたい。この像にその思いを込めた」と語った。

フセイン政権下で禁止されていたシーア派モスクでの聖職者による講話《こうわ》が復活し、町には大統領の肖像画や顔写真にかわって、シーア派宗教指導者の肖像画がみられるようになった。

このように一部で自由を謳歌《おうか》する空気も生まれたイラクだが、回復しない治安や失業に対する国民の不満は強く、バグダッドでは連日、デモが発生している。

そのため、フセイン政権打倒に成功した米英政府の課題となったのが、できるだけ早く新政府を樹立することだった。これはある意味では、軍事攻撃以上の難題となった。戦後のイラクの新政権づくりの動きについてみてみよう。

新政権の担い手は？

フセイン政権崩壊直後、米政府は中部ナシリアと首都バグダッドに反フセイン組織を集めて、「フセイン後のイラク」について協議を開始した。

フセイン政権に反対していたグループとしては、北部のクルド人組織、南部のイスラム教シーア派組織のほか、共産主義者、知識人、旧軍人などがあった。フセイン政権時代、クルド人組織は北部に設置されたクルド自治区を拠点にしていたが、そのほかの反体制派組織は欧州やイラン、シリア、ヨルダンなど周辺国で活動し、多くは米政府の財政支援を受けていた。

当初から予想されたことだが、反フセイン派による政権協議は難航《なんこう》した。各グループはフセイン政権に反対するという一点では一致しているものの、それ以外については意見がバラバラだった。クルド系や共産主義者らは非宗教的な政府を求めるのに対し、シーア派組織の中にはイスラムを基本にした政府をつくるべきだと主張する人々が多い。また、クルド系組織は米政府主導での政権づくりを容認したが、その他の多くの組織は「新政権はイラク人主導でつくるべき」と、米国の影響力の排除を求めている。

また、イラクではフセイン大統領の絶対権力による統治がつづき、大統領にかわるリーダーがいなくなっていることも、新政権づくりが難航する原因になった。「フセイン大統領がいなくなって、ようやく自由な国がつくれる」と喜ぶ住民も、「では、誰がこの国を治めるのか」ときいたとたんに言葉を失うのだ。

反フセイン組織が一般のイラク人の信頼を得られていない事情もある。戦争、経済制裁に苦しんできたイラク人は、外国で米国の支援を受けてきた反フセイン派のメンバーに対し、「自分たちが苦しんでいるときに、楽な生活をしてきた」という感情をもっている。また、これらの反フセイン・グループは、米政府からの支援金の使いみちが不透明だという理由で米議会などから非難を受け、国際社会から「反体制ビジネス」と揶揄《やゆ》されたこともある。

元来、イラクは宗教、民族構成が複雑で不安定な国だ。シーア派のイスラム教徒が六〇％を占め多数派でありながら、フセイン政権はスンニ派を優遇、シーア派はつねに弾圧の対象だった。また、民族的にもアラブ系のほかクルド、トルクメン、アッシリア系など少数派をかかえている。

そのため、一九二一年の建国以来、一九五四年までに四八回もの内閣の交代を経験、一九五八年に自由将校団が王政を打倒して共和制となった後も、各派勢力によるクーデターが、一九六八年までに三回発生している。イラク国民はつねに不安定な政権に翻弄《ほんろう》されつづけ、一九七九年に政権をとったフセイン大統領は、それまでにない強権でこれを抑《おさ》えきった。

その強権政治が崩壊し、イラクではまた、それら不安定要因が表舞台におどりでることになった。

フセイン政権崩壊後のバグダッドでこんなシーンを見たことがある。北部キルクークに住

クルド人によって自宅を追われたとして抗議のデモをするキルクークのアラブ人家族．テレビも壊されたと抗議していた（バグダッド市内で）．

んでいたアラブ人家族が、駐留米軍に対し、「非民主的なクルド組織を支援するな」とデモしていたのだ。

この家族によれば、フセイン政権崩壊と同時にクルド系住民が大量にキルクークに流れ込んだ。なかには、武装した者もおり、「この家はクルドのものになったから出て行け」と強制的に家族を追い出したという。政権崩壊後、キルクークから追われたアラブ人は少なくない。

キルクークはクルド自治区近くの都市で、以前はクルドやトルクメン系住民が多く住んでいた。しかし、石油の発掘を機に、汎《はん》アラブ社会主義をかかげるバース党政権は、この都市へのアラブ系住民の大量移住政策を実施。現在はアラブ系が多数派になっている。

こうした歴史的経緯からクルド、トルクメン系の人々には「キルクークは自分たちの町」という意識が強く、それがアラブ系住民との衝突になったようだった。

占領軍への反発

また、米英による統治が長引くにしたがい、国民には米英軍は「解放軍」ではなく「占領軍」だったのかという反発が生まれている。

私の最も親しいイラク人の一人、ムハンマドさんを例にあげよう。三二歳のムハンマドさんは、フセイン政権時代、大統領の長男ウダイ氏が委員長を務めるイラク五輪委員会所属の通訳だった。バース党員だったムハンマドさんだが、フセイン政権崩壊直後には、笑顔で米軍車両に対し、「ようこそ」と手を振っていた。自由のすばらしさを実感しているようだった。

しかし、その後、少しずつ自分が思い描いていたことと現実との間にギャップを感じ始めたようだ。二人で駐留米軍反対運動の盛り上がるバグダッド郊外の町ファルージャを訪れたとき、こんなことがあった。

ファルージャで住民の駐留反対運動に直面する米軍.

住民の運動を抑えるために米兵が銃を乱射した跡がタクシーのボディに残っていたが、まさに蜂《はち》の巣《す》状態だった。この銃撃でイラク人一五人が死亡した。ムハンマドさんは「これは過剰《かじょう》反応だ」と語った。

米軍が駐留していた学校に入ると、小学二年生の木机には「クレイジー」と彫《ほ》られ、壁には「くそ食らえ　イラク」と書かれていた。米兵が残した落書きだ。校長は「こんなことをする米兵をわれわれが尊敬することができるだろうか」と非難した。ムハンマドさんも「どうして、こんなことまで……」とくちびるをかんだ。

また、私とムハンマドさんはバグダッドで米軍の車両検問にひっかかったことがある。

治安維持を目的にした武器刈《ぶきが》りだった。ライフル銃を抱えた米兵二人が、「すぐに降りろ」ときびしく命じ、トランクから座席の下まで徹底的に調べ、運転席の下から、木の棒《ぼう》を見つけた。米兵はわれわれにライフルを水平に向け「これは、何だ」と叫んだ。ムハンマドさんは「ボンネットを支えるための棒だ。武器でない」と説明する。ヘラヘラと笑った米兵は「お前にこんなもの必要ない」と取り上げ、どれだけ抗議しても返してくれなかった。車にもどったムハンマドさんは「ここは、もはやイラクではない」と吐き捨てるように言った。

独裁者を排除してくれたという意味では、イラク人の多くは米軍に感謝している。しかし、外国軍の駐留が長引きながらも、治安は改善せず、電気などのライフラインの復旧がおくれていることへの不満はふくらんでいる。悪政からの解放者として喜びをもって米軍を迎え入れてから二カ月もたたないころから、イラク住民と駐留米軍の衝突が頻繁《ひんぱん》に発生するようになった。米英軍は住民に武装解除を呼びかけるが、一部の住民は公然とこれを拒否し、駐留軍と戦う姿勢さえ示している。

フセイン大統領がいなくなったイラクでいかに安定した政権をつくり、復興を加速させるか。戦後のイラク問題が国際社会の大きな課題になっている。

アフガニスタン
民族のモザイク，一致か対立か

西尾英之

カチャガリ難民キャンプの人々

【国名】 アフガニスタン
【面積】 64 万 7500 平方キロメートル
【人口】 2775 万人(2002 年)
【首都】 カブール
【住民構成】 パシュトゥン人約 44%, タジク人約 25%, ハザラ人約 10%, ウズベク人約 8% など
【宗教】 イスラム教が 99%
【国内総生産】 内戦後の混乱のため不明
【1 人当たり国民総所得】 同上

故郷への帰還

「ぼくは来月、アフガニスタンに帰るんだ。」

パキスタン北西辺境州の州都ペシャワルからアフガン国境のカイバル峠《とうげ》へ向かう街道沿いにあるカチャガリ難民キャンプ。カチャガリとは、アフガニスタン人の伝統の「泥《どろ》の家」という意味だ。二〇年近く前にアフガンを脱出した両親とともに、故郷のアフガン東部の町、ジャララバード近郊の村へ帰還《きかん》することが決まった少年が打ち明けた。

一九七九年の旧ソ連軍の侵攻《しんこう》以来、二〇年以上戦乱がつづいたアフガニスタン。同国からは九〇年までに約六二〇万人が戦火を逃れ難民となって周辺国へ流出したといわれる。ソ連軍侵攻直後に開設されたカチャガリ・キャンプは、最も多い時には約二〇万人のアフガン難民が暮らし、世界最大の難民キャンプといわれた。

二〇〇一年の米軍によるアフガン攻撃でタリバン政権が崩壊し、アフガンには二〇数年ぶりに「和平」が訪れたとされた。発足したハミド・カルザイ氏率いる新政権は国連難民高等弁務官事務所（UNHCR）とともに難民帰還にとりくみ、二〇〇二年だけで予想を大きく上

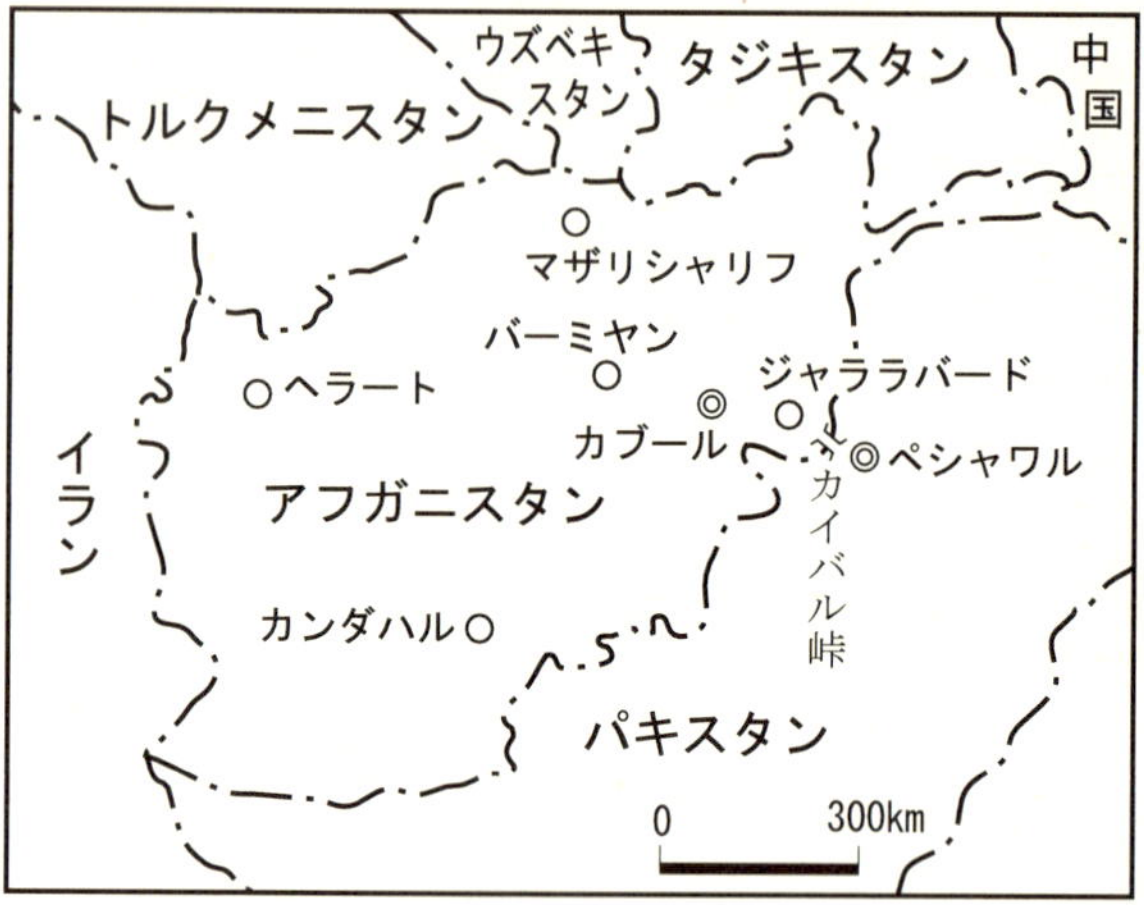

まわる約一八〇万人がアフガンへ帰還。カチャガリ・キャンプに残る難民も一万人程度にまで減り、UNHCRはキャンプの閉鎖を決めた。

「きれいなところだよ。いつもお父さんにそう聞かされてきたんだ。」

キャンプで生まれ、故郷を知らない少年はそう言って目を輝かせた。

だが二〇〇二年六月、緊急ロヤ・ジルガ(国民大会議)でカルザイ氏が大統領に正式就任した後のアフガンは、爆弾テロや閣僚《かくりょう》暗殺事件などが相次ぎ、治安はかえって悪化傾向にある。帰国した難民が安定した暮らしをおくるにはほど遠く、一度アフガンに帰還した難民が再びパキスタンに脱出してくるケースも増えている。

アフガニスタン関連年表

1979年12月	旧ソ連軍が侵攻．イスラム武装勢力との戦争がはじまる
1989年 2月	ソ連軍撤退
1992年 4月	武装勢力の攻勢で共産主義政権崩壊
1993年 1月	武装勢力の連合政権が発足するが，内部の権力争いで内戦に
1994年	南部カンダハル州でタリバンが初めて登場
1996年 9月	タリバンが首都カブールを制圧
2001年 9月	米国で同時多発テロ事件
10月	米国のアフガン攻撃始まる
11月	タリバンがカブールを放棄．タリバン政権崩壊
12月	ドイツのボンで主要各派が今後のスケジュールなど合意
2002年 1月	東京で復興支援会議開催
6月	緊急ロヤ・ジルガ(国民大会議)でカルザイ政権が正式発足
7月	カディル副大統領暗殺
9月	カルザイ大統領暗殺未遂事件
2003年 6月	カブールで自爆テロ．独軍兵士ら4人死亡

復活するタリバン

とくに二〇〇三年に入り、東部や南部のパキスタンとの国境地帯で、政権を追われ壊滅《かいめつ》したはずのタリバンの残存勢力が、米軍やカルザイ政府軍兵士を襲撃する事件が目立つようになった。

同年六月、アフガン報道の第一人者のパキスタン人記者、ラヒムラ・ユサフザイさんのもとに一本のカセットテープが届けられた。テープには、タリバンのスポークスマンを名乗る男の声が録音されていた。「タリバン最高指導者のオマル師が、米国やカルザイ政権とのジハード（聖戦《せいせん》）継続のために、元タリバン政権閣僚ら一〇人からなる評議会《ひょうぎかい》を結成した。われわれの戦いはいまもつづいているのだ。」

オマル師をはじめタリバン政権の幹部は政権崩壊後、首都カブールや拠点の南部の都市カンダハルから逃走し、行方不明になっていた。テープはオマル師が生存しており、タリバンが再び力をたくわえて米軍への戦いを挑んでいる証拠として、世界に報道された。

ユサフザイ記者は、アフガンの姿をこう見る。

「カルザイ政権が支配しているのは首都カブール市内だけで、地方はタリバンや各地の武装勢力が入り乱れて、タリバン政権当時よりも治安が悪化している。実際に権力を握《にぎ》っているのは、ファヒム国防相ら北部同盟出身のタジク人で、人々は大統領のことを『米国の操《あやつ》り人形』としかみていない。」

米軍は極端なイスラム化政策で国際的な評判が悪かったタリバン政権を倒し、アフガンに自由と平和をもたらしたはずだった。なぜアフガンでタリバンが生きのびたのかを理解するには、アフガンの複雑な民族事情を理解する必要がある。

対立する民族

「タリバンを倒したのは、ハザラ人の力によるところが大きい。これまでわれわれは迫害されつづけてきたんだ。国際社会はもっとハザラ人のためにカネを使うべきだ。」

七年前にタリバンの「迫害」を逃れてアフガンを脱出したというラティフさんはそう声を張りあげた。

三三歳のラティフさんの故郷は、タリバンが破壊してしまった巨大石仏群《せきぶつぐん》で有名なアフガン中部バーミヤン近くの村。ある日、突然タリバンの兵士が村へやって来て、若者数人を連れ去った。身の危険を感じて、仲間数人と村を抜け出したという。

「やつらはハザラ人というだけで、理由もなく殺した。おれはタリバンが完全にいなくなるまで、アフガンには帰らない。」

ラティフさんの非難は、最大民族パシュトゥン人が中心だったタリバンだけではなく、他の民族にもおよぶ。

「ハザラが犠牲《ぎせい》になってタリバンを追い出したのに、いまの政権はタジク人が中心だ。やつらは、自分たちの地元の北部のためにばかりカネを使っている。ハザラはいつまでたっても貧しいままだ。」

思い切って彼に、あなたは自分をアフガン人と思うか、それともハザラ人と思うかときいてみた。
「アフガンは国の名前だ。おれはハザラ人だ。」
彼は、何をわかり切ったことをきくのかという顔で、こちらを見返した。

民族のモザイク

アフガンにはパシュトゥン、タジク、ハザラ、ウズベク、トルクメンなど数多くの民族が暮らしている。最大民族はパシュトゥン人で人口の約四四％、タジク人が約二五％、ハザラ人約一〇％、ウズベク人が約八％とされる。

パシュトゥン人の居住エリアは、「パシュトゥン・ベルト」と呼ばれるパキスタンとの国境に近い東部から南部にかけて。もともとパシュトゥン人が住んでいたエリアの中に、十九世紀になって英国がアフガンとパキスタンの国境線を引いた。このためパキスタンのアフガン国境沿いにも、多くのパシュトゥン人が住んでいる。一方、タジク人はタジキスタンに近い北東部が中心。ハザラ人は中部山岳地帯。ウズベク人はウズベキスタンに近い北部が中心だ。

「自分はアフガン人」という意識をもちながらも、それぞれの「故国」の影響を微妙に受

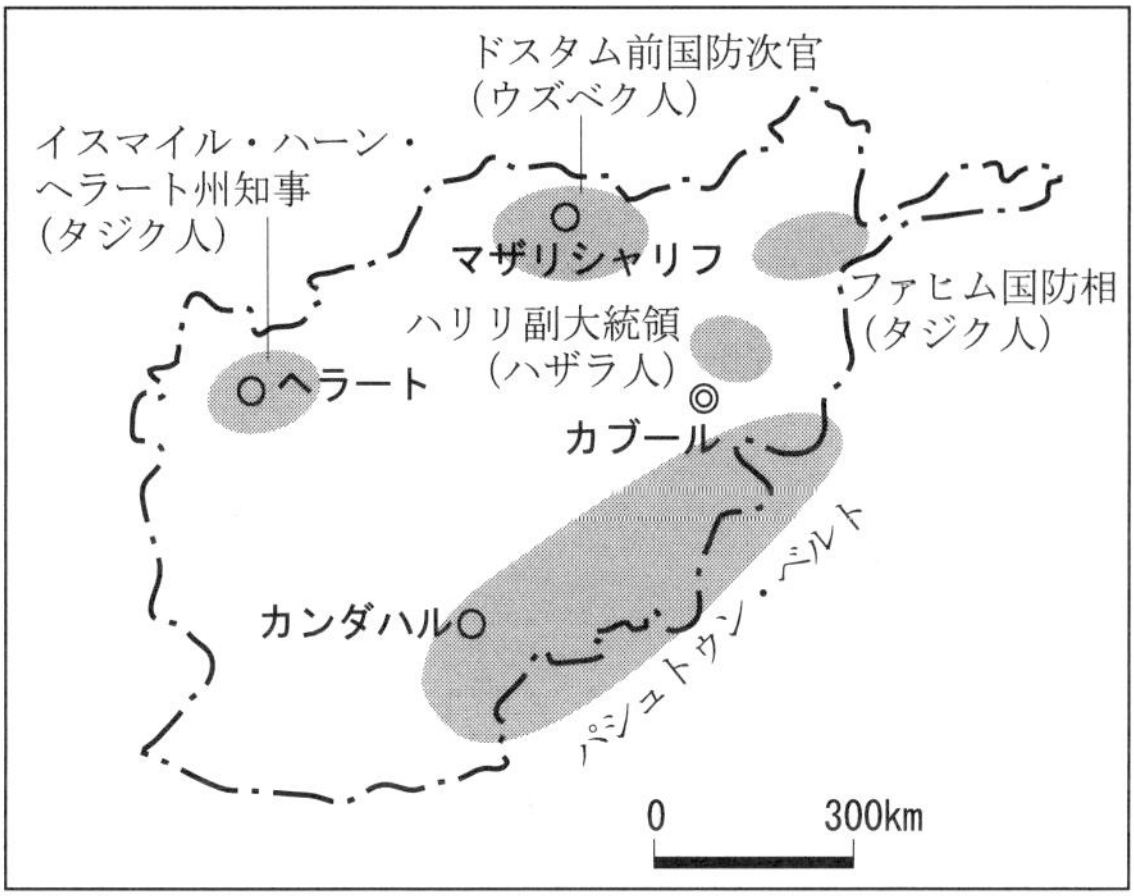

「パシュトゥン・ベルト」とおもな地方武装勢力の分布図

けながら民族や部族への帰属意識を非常に強く保ち、なおかつ民族間の対抗意識も強いのがアフガニスタン人の特徴だ。このことは国としてのまとまりに欠け、国全体の利益よりも民族、部族の利益を優先してしまう傾向につながっている。

米軍が壊滅《かいめつ》させたはずのタリバンが生き残ったのは、戦後の新政権の実権を握ったのが、タジク人などが中心の「北部同盟」で、最大民族のパシュトゥン人の不満が高まったことに理由がある。

アフガンの歴史で、一九九〇年代の内戦時をのぞけば、多数民族のパシュトゥン人が政権の座からはずれたのはこれが初めてといわれる。不満を抱くパシュトゥン人の多くが現在もタリバンを支持し、政権を追われ故郷の「パシュトゥン・ベルト」に逃げ込んだタリバン幹部や元兵士をかくまってきた。最高指導者のオマル師も、こうしてパシュトゥン・ベルトのどこかで逃亡生活をおくりながら、米軍への反撃作戦を練《ね》っている可能性が強い。

米軍は衛星電話で連絡をとりあうタリバン幹部の通話を盗聴《とうちょう》するなどして所在をさぐり、活動の封じ込めに必死だ。「米軍の駐留がつづくかぎり、タリバンに再び国土全体を支配するほどの軍事力はない。しかしパシュトゥン人の武装勢力として、今後も各地で米軍や政府軍へのテロをつづけていくのは間違いない。」ユサフザイ記者はそう分析する。

異なる価値観

タリバン政権時代、アフガンからのテレビ映像は青い「ブルカ」(頭からすっぽりかぶって顔全体をおおうベール)をまとった女性の異様な姿をたびたび放送し、タリバンによる女性抑圧の象徴《しょうちょう》として日本や欧米など西側先進諸国の強い非難のまとになった。だがタリバン政権が崩壊し着用が強制されなくなったいまも、首都カブールでもブルカ姿の女性が目立つ。

「ブルカはパシュトゥン人の民族衣装だ。ブルカへの非難は、日本人がキモノを着るのはけしからんと言うようなものだ。」

カブール市内のマーケットには，ブルカをかぶった女性の姿が目立つ．

四三歳のパシュトゥン人男性のシャギルさんは、そういって欧米の反応に憤慨《ふんがい》する。そして「パシュトゥン人は女性をとても尊重している。だから、できるだけ屋外《おくがい》には出さず、家のなかで守っているのだ」と付け加えた。

女性が仕事や学校に行くことを原則的に禁じたり、音楽や映画鑑賞も禁止するなど、タリバン政権の支配は外国人には理解しがたいものだった。しかし、とくに保守的な農村部に住むパシュトゥン人にとっては、タリバンのルールは日常的な民族のルールの延長線上にあり、それほど苦になるものではなかったと彼は言う。

とはいっても、ブルカは暑苦しく視界がきわめて悪い。女性だけでは外出もままならないパシュトゥン人の社会は、女性にとって不自由なきびしい社会であることは事実だ。「ブルカは女性の人権抑圧の象徴」という非難も、まとはずれとはいえない。

パシュトゥン人の多くは、いまも部族の「掟《おきて》」に従って生きている。血縁と名誉を重んじ、外部からの訪問者を厚く歓待《かんたい》する一方で、ひとたび攻撃を受ければ徹底的に復讐《ふくしゅう》する。自分の部族は自分たちで守ることが基本で、武器の所有は当たり前だ。

問題は、西側社会の一般的な価値観を、異なる価値観をもつ人々にどこまで適用できるかだ。この問題は、パシュトゥン人ほどではなくても、女性に頭の髪を隠すことを求めるなど、西側とは異なる文化や価値観をもつイスラム社会全体にも当てはまる。

イスラム教徒のあいだではいま、シャギルさんのように、米国を筆頭にした西側社会がイスラム社会の伝統を理解せず、一方的に欧米の価値観を押し付けているとの反発が急速にひろがっている。彼らの目には、米国によるアフガンやイラクへの攻撃が、武力で欧米の価値観を押し付けるものだと映っている。

イスラム社会と日本や欧米の社会が、たがいの価値観を認め合いながらうまくつきあうにはどうすればよいのか。難しい課題だが、おたがいが相手を尊重し、時間をかけて理解を深め合っていく以外に道はない。

密輸貿易

パキスタンのペシャワル郊外に、世界でも最大規模といわれる「密輸《みつゆ》マーケット」がある。密輸といっても、何棟ものビルが立ち並び、駐車場の入り口ではパキスタンの警官が交通整理に当たっている。店頭にはテレビや冷蔵庫、エアコンなどの家電製品、食器や衣類、車の部品など、ありとあらゆる商品が並ぶ。おなじみのブランドの日本製品や韓国、中国製品が多く、価格はパキスタンの市価の半値かそれ以下。いつもパキスタン人の仲買《なかがい》業者や一般の買い物客でにぎわっている。

すべて、アフガニスタンを経由して非合法に運びこまれた「密輸品」だ。なぜアフガンからの密輸品がこれほど豊富で、なおかつ安価なのか。それはアフガンとパキスタンの間で結ばれた貿易に関する協定に理由がある。

港をもたない内陸国のアフガンは、物資を輸入する場合、パキスタンの港に陸揚《りくあ》げして陸路アフガンに運ぶ必要がある。このさい、パキスタンの関税がかかるとアフガンは輸入品をきわめて高い価格で買わなければならないことになる。この不公平を是正《ぜせい》するため、両国間でアフガンの輸入品についてはパキスタンの関税をかけず、自由にパキスタン国内を運搬《うんぱん》できるよう協定で定めている。

だが、長い戦争で疲弊《ひへい》したアフガン国民に、高価な家電製品を購入するゆとりはない。いったんアフガンに持ちこまれた輸入製品は、今度はアフガンの密輸業者の手でパキスタンに不法に運びこまれ、そこで安価に販売されるという仕組みだ。

アフガンとパキスタンの国境の両側は、パシュトゥン人の居住地帯だ。正規の国境検問所《けんもんじょ》以外にも多くの抜け道があり、彼らは日常的に国境を越えて行き来している。パシュトゥン人の荷運び人は、重い日本製の冷蔵庫を背負い、熟知した山道を通って国境を越え、パキスタンに運びこむ。

長い戦乱で壊滅状態になったアフガン経済を支えてきたのは、こういった「密輸産業」だといわれる。パキスタンから運びこまれた密輸品は、再びパキスタンに還流するだけでなく、北側の中央アジア各国や西側のイランへも流れていく。この輸送で運送業者はうるおい、また各地を支配する武装勢力は、運送業者に輸送の安全を保障《ほしょう》するかわりに独自に「通行税」を徴収《ちょうしゅう》し、おもな収入源にしてきた。

一九九〇年代半ばにタリバンが登場したさいに運送業者がタリバンを支持したのは、それまで各地の武装勢力がそれぞれ勝手に徴収していた通行税を一本化し、輸送がしやすくなったためといわれる。

タリバン政権崩壊後、再び地方の武装勢力が勝手に通行税の「徴収」を始めた。カルザイ政権にとって、全国で税金を徴収する「徴税権」を確保することは、国全体を支配するためにどうしても必要なことだ。有力な武装勢力に対して徴税権をゆずりわたすよう交渉をつづけているが、思うようには進んでいないのが実情だ。

ケシ栽培

農民の多くは、麻薬が人にどんな悪影響を与えるかを知らない。ただ、生活のために、高値で売れるケシを栽培している。タリバン政権崩壊後、各地で復活したケシ栽培について、ある援助関係者はため息をついた。

密輸貿易とならんでアフガン経済を裏側から支えてきたのが、アヘンやヘロインの原料となるケシの栽培だ。ケシの栽培は、旧ソ連軍との戦争中の一九八〇年代に全国にひろまった。当時はまだ東西冷戦のさなかで、ソ連軍と戦うイスラム武装勢力の資金源にと、米国が農家に奨励《しょうれい》したとされ、一時期、世界のケシの八割はアフガン産とまでいわれた。

タリバン政権は一時ケシ栽培を禁止したが、アフガン戦争後、最もてっとり早い現金収入の道として、農家は栽培を復活させた。二〇〇二年には再びアフガンは世界最大のケシ生産国になったとみられる。

カルザイ政権は補償金を提示してケシ栽培を禁止する命令を出しているが、補償金よりもケシを栽培した方が一〇倍近い収入を得られるため、応じる農民は少ないという。農民にケシ栽培を中止させるためには、代替《だいたい》作物を提示し、灌漑《かんがい》などの農業基盤を整備し、さらに、つくった作物を売るルートも開拓《かいたく》していく必要がある。

一方で、欧州や米国などのおもな消費地でアヘンやヘロインの需要がなくならないかぎり、いくらアフガンでケシ栽培を禁止しても効果は薄い。ケシ栽培の完全な撲滅《ぼくめつ》には長い時間がかかりそうだ。

復興するカブール

首都カブールでは二〇〇三年六月、国際治安支援部隊(ISAF)をねらった自爆テロ事件でドイツ軍兵士四人が死亡した。強盗や殺人事件も増える傾向にあるなど、治安面では不安が残るものの、一方では復興が進み、人々の表情には活気と明るさがもどりつつある。

内戦で破壊され、タリバン時代にはそのまま放置されていた住宅やビルを建て直す建築ラッシュが起きている。また車も格段に増え、朝夕の市内の幹線道路では渋滞《じゅうたい》も起きている。

タリバン政権当時は、国際電話をかけるにはホテルでまる一日待たされるような状態だった。しかし現在は携帯電話のサービスが始まり、携帯を片手に街角で話しこむ若者の姿も見られるようになった。

「日本料理店はまだだけど、中国、イタリアなどさまざまな国の料理が食べられるようになった。一年前にはアフガニスタンに報道機関はなかったが、いまカブールでは一〇〇紙以上の新聞が発行されており、ほとんどが私に批判的だ。」

二〇〇三年二月、日本を訪問したカルザイ大統領は、記者会見で時にユーモアをまじえながら、カブールの復興ぶりについて自信たっぷりに語った。

だが記者会見でカルザイ大統領は、米国をはじめ国際社会の関心がアフガンからイラクへ移ってしまうことへの不安も口にした。自らの立場が米国など国際社会の支援に支えられていることを一番よくわかっているのは、大統領自身だ。二〇〇一年一二月に、北部同盟などアフガンの主要グループがドイツに集まって合意したボン合意では、二〇〇三年中の憲法制定、二〇〇四年六月までの選挙実施などのスケジュールが決められている。大統領に残された時間はわずかだが、課せられた課題はあまりにも大きい。

最大の課題は民族間の対立をなくし、和平を定着させることだが、自身の政権が北部同盟の有力者に支えられていることを考えれば、パシュトゥン人の全面的な支持を得るのはきわめて困難だ。結局、米軍など外国の力に支えられ、綱渡りの国の運営をつづけていくしかない。

経済の再建もケシ栽培の根絶も、治安の安定がなければありえない。アフガニスタンはいま、重要な分岐点《ぶんきてん》にさしかかっている。安定に向かうのか、それとも再び内戦に逆もどりしてしまうのか、それは各民族が自分たちの国をつくるんだという意識で団結し、力を合わせることができるかどうかにかかっている。

アメリカ

戦時大統領，人気のゆくえ

河野俊史

ワシントンで開かれたイラク戦争反対集会．ブッシュ大統領，ラムズフェルド国防長官，チェイニー副大統領をもう一つの「悪の枢軸」と非難するパフォーマンスも(斗ヶ沢秀俊撮影)．

【国名】 アメリカ合衆国(米国)
【面積】 962万8382平方キロメートル
【人口】 2億8480万人(2001年)
【首都】 ワシントン(正式名・コロンビア特別区)
【住民構成】 白人75.1%，黒人12.3%，アジア・太平洋系3.7%，アメリカ先住民0.9%.（人種分類ではなく，出身地の分類としてのヒスパニック人口は全体の12.5%)
【宗教】 おもにキリスト教(プロテスタント56%，カトリック28%)
【国内総生産】 10兆4456億ドル(2002年)
【1人当たり国民総所得】 3万4045ドル(同)

イラク戦争、「勝利」と「不安」

二〇〇三年五月一日、アメリカ合衆国カリフォルニア州サンディエゴの沖合い五〇キロの太平洋。空母《くうぼ》「エイブラハム・リンカーン」の甲板《かんぱん》に降り立ったジョージ・ブッシュ米大統領は、西に傾いた太陽の光を浴びながら、イラクでの大がかりな戦闘作戦の終結と「勝利」を宣言した。ペルシャ湾でのイラク攻撃の任務を終えて帰国する途中だったリンカーン艦上《かんじょう》の五〇〇〇人近い米兵たちはブッシュ大統領をとりかこみ、大きな拍手《はくしゅ》で祝福した。

三月二〇日未明(バグダッド現地時間)に始まったイラクとの戦争は、首都バグダッドの陥《かん》落《らく》(四月九日)や、フセイン元大統領の故郷ティクリートの制圧(四月一四日)をへて六週間でほぼ終わった。フセイン政権は崩壊し、ブッシュ大統領は「イラクの民衆は長い間の独裁政治の恐怖と抑圧から解放された」と胸を張った。一九九一年の湾岸戦争以降、人工衛星によるGPS(全地球測位システム)を利用して標的《ひょうてき》を正確にとらえる精密誘導爆弾の導入など「軍事における革命」と呼ばれる兵器のハイテク化はいちじるしく進み、今回の戦争で米国は圧倒的な軍事力の差を世界に見せつけた。国連安全保障理事会(安保理)は五月二二日、米国と英国がフセイン政権にかわってイラクを暫定的《ざんていてき》に統治する権限を認め、イラクの戦後復興と新しい国づくりが本格的に始まっている。

戦闘期間中、ブッシュ大統領に対する米国民の支持率は最高で七七％（ワシントン・ポスト紙とＡＢＣニュースの世論調査）に達した。一時は五〇％台に落ちていたが、戦争になると国民が結束するのが米国の過去の通例だ。ブッシュ大統領はこの「戦時大統領」の人気を追い風に、二〇〇四年一一月二日の次期大統領選での再選をねらっている。

しかし、今回のイラクとの戦争は、さまざまな国が共存する国際社会に新たな「不安」を抱かせる結果になった。米国がフランスやロシアなど多くの国々の反対を押し切って、はっきりした国連安保理の決議もないまま武力行使に踏み切ったからだ。世界で唯一の「超大国」が、その軍事力をバックに好き勝手に行動するのではないか。言うことをきかない国は先制攻撃の対象になるのではないか――。米国の独走に対する、そんな心配が国際社会にひろがっているのだ。

英国のＢＢＣ放送が六月一七日に放送した特集番組によると、世界一一カ国、計一万一〇〇〇人を対象にした世論調査の結果、全体の半数以上がイラク攻撃について「間違いだった」と回答した。「ブッシュ大統領は大嫌い」と答えた人も五七％にのぼった。米国の民間シンクタンク「ピュー調査センター」がイラクでの戦闘が終わった二〇〇三年五月に世界二一カ国で意識調査を実施したところ、「米国が好き」と答えた人の割合は大半の国で前年夏より減少していた。イスラム圏での反米感情の高まりは特にいちじるしく、インドネシアでは「米国が好き」との回答は六一%から一五%に激減した。米国を「嫌われ者」にしているのは、「ユニラテラリズム」(単独行動主義あるいは一国中心主義)と呼ばれるブッシュ政権の一方的な強硬《きょうこう》姿勢だ。その背景は何なのだろうか。

9・11、そしてテロとの戦争

二〇〇一年九月一一日午前八時四六分(米東部夏時間)、ニューヨークのマンハッタン島南部にある世界貿易センタービル北棟に、ボストン発のアメリカン航空11便(乗客乗員九二人)が突っ込んだ。米国の経済と軍事の中枢《ちゅうすう》をねらった「同時多発テロ」の始まりだった。一七分後には同じボストン発のユナイテッド航空175便(同六五人)が貿易センタービル南棟に突入し、一一〇階建ての二つのビルは炎に包まれ崩れ落ちた。五角形の形から「ペンタゴン」と名付けられた国防総省ビル(ワシントン郊外)にはワシントン発のアメリカン航空77便(同六四人)が激突する一方、ペンシルベニア州ピッツバーグ郊外にはニューアーク(ニュージャージー州)発のユナイテッド航空93便(同四五人)が墜落《ついらく》した。民間航空機四機が同時にハイジャックされ、自爆テロの「道具」に使われたこの事件の犠牲者は三〇〇〇人をこえ、日本人も二四人が巻き込まれた。

事件が起きたとき、ブッシュ大統領は教育問題のキャンペーンでフロリダ州の小学校を訪問し、二年生の児童に本を朗読しているところだった。アンドルー・カード首席補佐官から連絡をうけた大統領は「米国に対する明らかなテロ攻撃だ。事件を犯した連中を突き止めるよう命令した」という短い声明を出して、大統領専用機「エアフォース・ワン」に飛び乗った。だが、留守をあずかるディック・チェイニー副大統領から「ワシントンは危険だからもどらないように」と忠告され、そのままルイジアナ州やネブラスカ州の空軍基地を転々と移動した。その間に、ワシントンでは米中央情報局(CIA)や米連邦捜査局(FBI)が情報収集をつづけ、この事件にウサマ・ビンラディン氏とテロ組織「アルカイダ」が関係している可能性が強まった。ブッシュ大統領がホワイトハウス(大統領官邸)にもどったのは夕方遅い時間だった。その夜、全米の国民に向けてテレビ演説をおこない、「今日、われわれは悪の正体を見た。米軍には力がある。テロリストとそれをかくまう者を区別しない」と報復《ほうふく》攻撃を宣言した。

爆破テロのような犯罪は、通常は刑事事件としてＦＢＩなどの捜査《そうさ》当局が捜査・訴追《そつい》する。それで被告に裁判を受けさせ、責任を問うわけだ。しかし、ブッシュ大統領は一連の事件を「米国に対する戦争」ととらえた。米国の領土が外国人から直接攻撃されたのは、太平洋戦争の発端《ほったん》となった日本軍によるハワイのパール・ハーバー（真珠湾《しんじゅ》）攻撃（一九四一年一二月）以来だった。だから、米国も刑事捜査ではなく、米国を守るために武力で対抗する道を選んだ。「テロとの戦争」はこの日からブッシュ政権の最優先課題になった。

連邦議会の上下両院は事件三日後の九月一四日、ビンラディン氏が潜伏《せんぷく》しているとみられたアフガニスタンへの武力行使容認決議を採択した。軍事攻撃に反対したのは、カリフォルニア州選出のバーバラ・リー下院議員（民主党）一人だけだった。全米が「愛国心」で結束し、街は星条旗《せいじょうき》で埋め尽くされた。

アフガニスタンに対する軍事攻撃は、同時多発テロの発生から一カ月弱の一〇月七日に開始された。アルカイダとそれをかくまうアフガニスタンのイスラム原理主義政権「タリバン」の一掃《いっそう》が目的で、ブッシュ大統領は「不朽《ふきゅう》の自由」作戦と命名した。米軍がアフガニスタン周辺に直接投入した兵士は約三万人と小規模だったが、タリバンと対立してきたアフガニスタンの「北部同盟」（反タリバン連合）の戦いを支援し、一カ月あまり後の一一月一三日には首都カブールを制圧させた。一二月七日にはタリバンが最後の拠点にしていた南部のカンダハルが陥落し、アルカイダ兵士やタリバン兵士の多くはパキスタン国境に近い東部のトラボラの山岳地帯に逃げこんだ。米軍は重さ六・八トンで最大級の爆弾といわれる「デージーカッター」や、地下深くまで貫通して洞窟《どうくつ》などを破壊する「バンカーバスター」を多用し、ハイテク兵器の見本市のような激しい攻撃を展開した。ビンラディン氏やタリバンの最高指導者オマル師を捕《つか》まえることはできなかったが、米国内でのブッシュ大統領の支持率はピーク時で九〇%に達した。

ブッシュ大統領は弱いか強いか

ブッシュ大統領はもともと、それほど評価の高い政治家ではなかった。一九四六年にコネティカット州で生まれ、名門エール大を卒業してハーバード大で経営学の修士号を取った。テキサス州で石油探査会社を経営したり、アメリカ大リーグ「テキサス・レンジャーズ」の共同オーナーを務めたが、若いころは酒におぼれてアルコール依存症になるなど、父親のブッシュ元大統領の洗練《せんれん》されたイメージとは大きくかけはなれていた。七八年には下院議員選に立候補して落選する試練も味わった。一念発起《いちねんほっき》して酒を断ち、九四年にテキサス州知事に

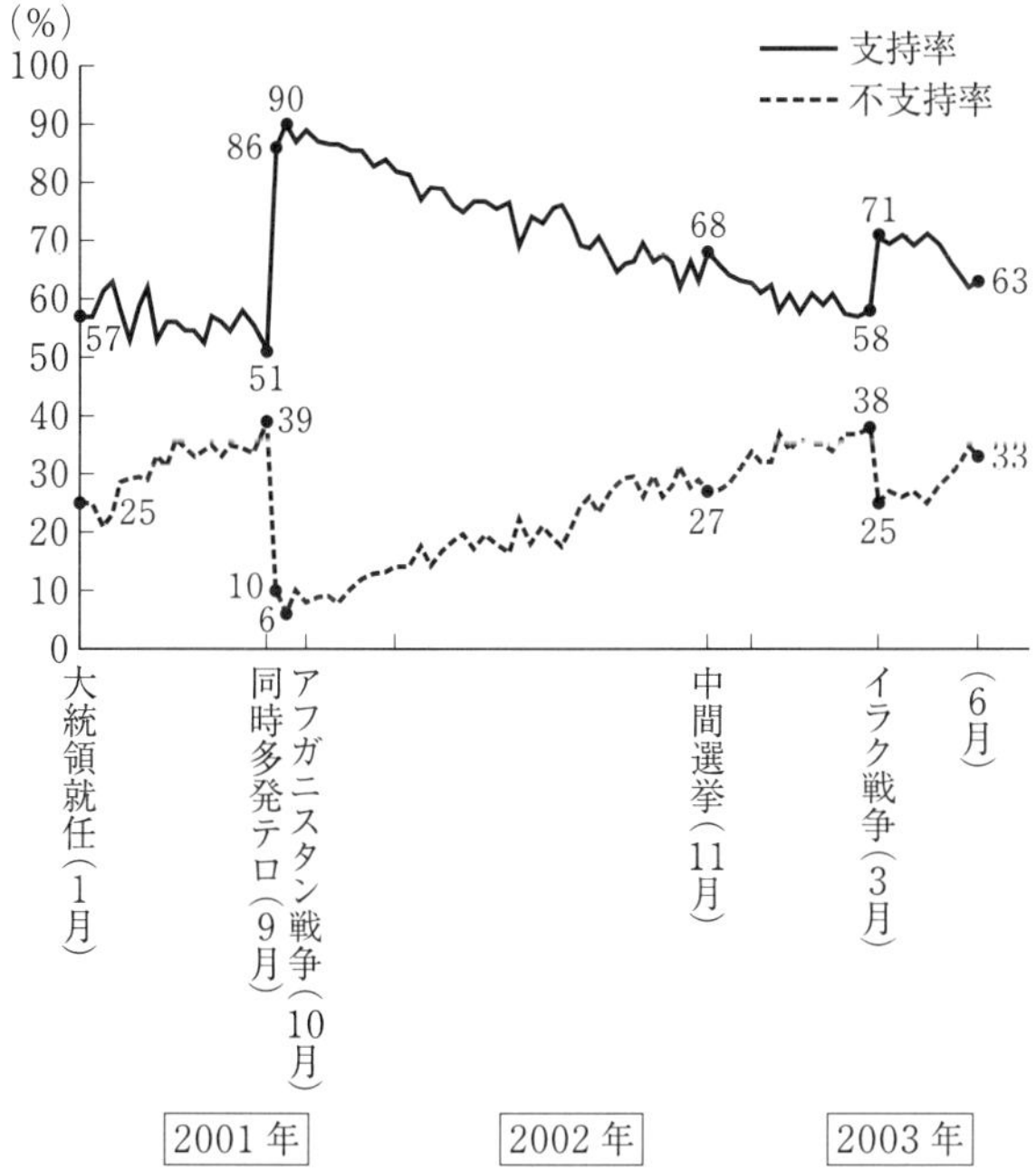

ブッシュ大統領の支持率の変化

米国の世論調査機関「ギャラップ」社によると，ブッシュ大統領の支持率は同時多発テロ直前(2001年9月7〜10日)の51%からテロ直後(9月14〜15日)には86%に急上昇し，最高で90%(9月21〜22日)に達した．また，イラク戦争開戦直前(2003年3月14〜15日)の58%から開戦直後(3月22〜23日)は71%に上昇した．テロや戦争が米国民を一体化させ，大統領の支持率を引き上げていることがわかる．

同社によると，就任以来のブッシュ大統領の平均支持率(2003年6月まで)は68%で，ケネディ元大統領(平均70%)に次いで第二次世界大戦後では2番目に高い．

初当選したものの、大統領候補としては弟のジェブ・ブッシュ・フロリダ州知事の方が将来を嘱望《しょくぼう》されていたぐらいだ。

二〇〇一年一月二〇日に就任宣誓《せんせい》をしてホワイトハウス入りしてからも、失速した景気対策などに有効な手段を打ち出せずにいた。何よりもブッシュ大統領に重くのしかかっていたのが、大統領としての「正統性」をめぐる民主党側からの批判だった。

前年の一一月七日に投開票された大統領選は、共和党のブッシュ候補と民主党のアル・ゴア候補（クリントン前政権の副大統領）の間で歴史的な激戦となり、フロリダ州の票の集計をめぐるゴタゴタで最終的な決着がつくまで一カ月あまりも混乱した。米国の大統領選（一般投票）は有権者が直接参加する方式で、それぞれの州ごとに勝った方の候補が「大統領選挙人」を獲得する。その総計で当選者が決まる仕組みだ。フロリダ州は大統領選挙人「二五人」の大票田《だいひょうでん》で、米国のメディアはいったんは同州でのゴア候補の勝利を速報した。結果はブッシュ候補が一七〇〇票あまり上回ったが、僅差《きんさ》のため州選挙法で再集計が実施されることになった。

ゴア陣営は「バタフライ・バロット」と呼ばれる蝶《ちょう》の羽のような形のまぎらわしい投票用紙を使ったパームビーチ郡などで手作業による集計を要求し、ブッシュ候補との票差はちぢまり始めた。しかし、連邦最高裁判所（ワシントン）は途中で手作業による集計の停止を命令し、五三七票差で同州でのブッシュ候補の勝利が確定した。この結果、ブッシュ候補が獲得した選挙人数は三〇州の二七一人となり、ゴア候補（二〇州と首都ワシントンの二六七人）を上回った。ただし、一般投票の得票数で比較すると、五〇九九万票あまりを得たゴア候補がブッシュ候補（約五〇四五万票）を約五四万票上回るという逆転現象が起きた。

一般投票で相手を下回りながら当選したのは、一八八八年選挙のベンジャミン・ハリソン大統領以来史上四人目だった。手作業による集計にストップをかけ、最終的にブッシュ候補を当選させる判断を下した連邦最高裁に共和党色が強いことや、フロリダ州で選挙管理にあたる州政府がジェブ・ブッシュ知事の影響を受けていることを考えると、本来ならば「ゴア大統領」が誕生していたかもしれないというのが民主党側の思いだ。

しかし、「テロとの戦争」はそれほど基盤の弱かったブッシュ政権の立場を一変させた。米国がねらわれる脅威を身近に感じて結束した米国民の多くは、テロを封じ込める「強い大統領」を求め、ブッシュ大統領にフリーハンド（何でも自由にできること）を与えた。国際社会も「テロとの戦争」では米国の主張を支持し、足並みをそろえた。特徴的だったのは、アルカイダのネットワークと関係したイスラム原理主義グループが自国内で力をもつのを恐れた国々が、軍事面でも米国に協力したことだ。キルギス、タジキスタン、ウズベキスタンなど、以前は旧ソ連領で米国と対立していた中央アジア諸国までが米国に基地を提供したり、米軍の駐留を認めたのだ。中国の軍事力が増大することを警戒している米国にとってみれば、「テロとの戦争」ばかりでなく、世界戦略を描くうえで願ってもない展開だった。

政権内の三つの流れ

アフガニスタンでの戦争に一区切りをつけたブッシュ政権は、その勢いに乗って「次」の攻撃目標を真剣に論議しはじめた。「テロ支援国家はテロリストと同様に扱う」という考え方(ブッシュ・ドクトリン)に沿った強硬姿勢が顕著《けんちょ》になった二〇〇二年一月二九日、ブッシュ大統領は連邦議会でおこなった初めての一般教書演説で、イラク、イラン、朝鮮民主主義人民共和国(北朝鮮)の三カ国を名指しして「悪《あく》の枢軸《すうじく》」と激しく非難した。一般教書は大統領が年に一度、外交や国内政治の進め方について考えを表明する重要な演説だ。「枢軸」というのは、第二次世界大戦前から戦争中にかけて米国をはじめとした連合国に敵対した日本、ドイツ、イタリア三国の同盟関係を指している。ブッシュ大統領はその歴史になぞらえて、国際社会に対抗してテロリストを支援する邪悪《じゃあく》な国々という意味で「悪の枢軸」という表現を使ったわけだ。

大統領の演説草稿は、通常はスピーチライターと呼ばれる専門のスタッフが書く。しかし、「悪の枢軸」という部分はブッシュ大統領が直接、手を入れたといわれる。米国はそれまでも、この三カ国のほか、シリア、リビア、スーダン、キューバといった国々に対して「テロ支援国家」や「ならず者国家」という表現を使っていたが、「悪の枢軸」はそれらを一段とエスカレートさせるものだった。相手にけんかを売るような挑発的なブッシュ大統領の姿勢に三カ国は激怒した。国際社会もあまりの敵対的な演説内容を懸念《けねん》し、米国を批判した。

しかし、米国の姿勢は変わらなかった。とくにイラクのフセイン政権に対しては、「テロとの戦争」の一環として、すぐにでも攻撃対象になるとの圧力をかけつづけた。一〇年あまり前の湾岸戦争のさい、父親のブッシュ元大統領がフセイン政権の存続を許してしまったことに対する反省が、共和党の一部には根強く残っていた。二〇〇二年春から初夏にかけて、ブッシュ政権内には米国が単独でもイラクを攻撃すべきだという意見が強まった。それを説得し、国連に持ち込んで国際社会の同意を取り付けるべきだと主張したのが、コリン・パウエル国務長官だった。

一口にブッシュ政権といっても、さまざまな考えをもった人々がいる。その意見を聞きながら、ベストと思う選択をするのが大統領の仕事でもある。国際社会との関係を保ち、自国の安全を確保する「外交・安全保障問題」に関していえば、チェイニー副大統領、パウエル国務長官、ドナルド・ラムズフェルド国防長官、ジョージ・テネットCIA長官、コンドリーザ・ライス大統領補佐官(国家安全保障問題担当)らが政策決定に深くかかわる立場にある。しかし、政権内には大きく分けて三つの流れがあった。

一つはチェイニー副大統領やラムズフェルド国防長官ら「強硬派」と呼ばれるグループだ。国際協調よりも米国の国益を優先し、そのためには武力行使も辞さないというタカ派の考え方をもっている。もう一つは「ネオコンサーバティブ」(ネオコン、新保守主義)と名付けられた人脈だ。ポール・ウルフォウィッツ国防副長官やジョン・ボルトン国務次官が代表格で、米国の「自由と民主主義」の価値観を絶対的な正義だと信じ、これを世界にひろめるためには武力行使も辞さないという思想の持ち主だ。チェイニー副大統領やラムズフェルド国防長官の立場にも近い。そして三つめが、伝統的な共和党の国際協調路線を重視して現実的な対応を強調するパウエル国務長官ら「穏健派」のグループ。「テロとの戦争」でブッシュ大統領がますます強硬な姿勢を示すなかで、パウエル国務長官らはむしろ少数派だった。そんな異なる立場の意見を、ライス補佐官が調整していた。

イラクについても、チェイニー副大統領やラムズフェルド国防長官は「米国が単独でも攻撃すべきだ」と主張した。ネオコン人脈は同時多発テロ以前からイラク攻撃の必要性を強調し、具体的な戦闘計画まで立案していた。しかし、ブッシュ大統領はパウエル国務長官の進言を受け入れて、とりあえずは国連での同意を得る道を選んだ。国連安保理を説得するために持ち出したのが、①フセイン政権は数々の国連安保理決議を無視し、核・化学・生物兵器など大量破壊兵器の開発を継続している、②フセイン政権はアルカイダのようなテロリスト集団をかくまっている——という理由付けだった。このまま放置すれば、大量破壊兵器がテロリストの手にわたり、とんでもないことになるという主張だ。

パウエル国務長官らの根強い説得工作で、国連安保理は二〇〇二年一一月、イラクに国連査察の受け入れをせまる決議案を全会一致で可決。これを受けて、国連監視検証査察委員会（UNMOVIC）と国際原子力機関（IAEA）の査察チームが約四年ぶりにイラクでの査察を再開した。しかし、大量破壊兵器の存在を示す「決定的な証拠」は発見されず、米国は英国とともに査察の打ち切りを提案。「査察継続」を主張するフランスやロシア、ドイツなどの反対を押し切って、武力行使を容認する新たな安保理決議のないまま、二〇〇三年三月二〇日にイラク攻撃に踏み切った。

停学処分の高校生

「テロとの戦争」がおこなわれるのは国外ばかりではない。ブッシュ大統領は国内でのテロ対策を統括するために二二の政府機関を段階的に統合する「国土安全保障省」を新設した。米国民に対しては、国内でテロが起きる可能性を五段階で表示したテロ危険度情報が示され、生物・化学兵器テロにそなえて自宅の扉《とびら》や窓を目張りするためのテープやビニールシートを用意するよう徹底された。テロ危険度情報が引き上げられると、首都ワシントンでは地対空ミサイルが連邦議事堂前などに配備され、戦闘機が上空の警戒にあたる。空港では靴を脱がされ、ズボンのベルトの内側まで調べられる厳しいチェックが日常化している。そんなピリピリした窮屈《きゅうくつ》な生活でも、人々は我慢している。米国民にとって、同時多発テロの衝撃は、それだけ大きかったのだろう。

二〇〇二年一一月の中間選挙――大統領選の中間年にある選挙、下院(定数四三五)の全議席、上院(定数一〇〇)の三分の一、一部の州知事などが改選される――の結果、共和党は上下両院で多数を確保した。ブッシュ大統領の政策が信任された形で、これがイラクに対する強硬姿勢の背景にもなった。

しかし、「テロとの戦争」は、米国が理念としてきた自らの自由や民主主義を知らぬ間にむしばんでいる。米国内ではアラブ系や南アジア系というだけでテロとの関係を疑われ、人権団体「ヒューマン・ライツ・ウォッチ」によると、一一〇〇人以上が身柄を拘束《こうそく》された。愛国心に水を差すような意見は排除され、自由な言論が影をひそめた。安全のためなら電話や電子メールの「盗聴」も許される。

象徴的なのが、ウェストバージニア州の高校生で当時一五歳だったケイティ・シエラさんのケースだ。同時多発テロの後、シエラさんは米軍のアフガニスタン攻撃に反対するTシャツを着て登校し、アナキスト(無政府主義者)クラブの設立を呼びかけたことから、三日間の停学処分をうけた。同級生からは「この国を愛していないのなら出て行け」と言われた。「9・11のテロ(同時多発テロ)もアフガニスタン攻撃もどちらも悲しいことで、賛成しない。だって、人が死ぬのはいやだから」とシエラさんは言う。しかし、米国の社会では大人にもそんな意見を聞く心の余裕がなくなっていた。

同時多発テロの直後にくらべて、愛国心の高揚《こうよう》は少しずつ落ち着いてきている。ブッシュ政権がユニラテラリズムの傾向を増し、保守化する一方で、イラク戦争をめぐっては米国内でも強い反対運動が起きた。アルカイダ掃討《そうとう》作戦という目的が明白だったアフガニスタンの戦争にくらべ、イラク攻撃は「テロとの戦争」との関連づけが不十分で、武力行使の正当性に欠けると思っている米国人は少なくない。ベトナム戦争以来のひろがりといわれた反戦運動の裏側には、国際社会の意見に十分耳を傾けずに、何でも思いどおりに武力で解決しようとするブッシュ政権への危惧《きぐ》がある。

米国では二〇〇四年の大統領選にむけた動きが本格化している。ブッシュ大統領は北朝鮮やイランの核開発を牽制《けんせい》する一方、湾岸戦争で高い支持を得ながら大統領の再選を果たせなかった父親の失敗を教訓に、失業対策や教育問題などの国内問題に力点を移している。戦時大統領の人気がどこまでつづくのかを、国際社会も注視している。

北朝鮮

拉致問題，金正日総書記の誤算

澤田克己

2002年9月17日，平壌の百花園迎賓館にて「平壌宣言」に署名する小泉純一郎首相(左)と金正日総書記(朝鮮通信・サン提供).

【国名】 朝鮮民主主義人民共和国(北朝鮮)
【面積】 12万2762平方キロメートル(朝鮮半島北部，半島全体の面積の55%)
【人口】 2237万人(2002年，韓国側推計)
【首都】 平壌
【住民構成】 朝鮮民族
【宗教】 政府管理下で仏教，キリスト教団体がある．信者はそれぞれ1万人程度とされる．
【国内総生産】 170億ドル(2002年，韓国銀行推定)
【1人当たり国民総所得】 762ドル(同)

拉致被害者五人の帰国

二〇〇二年一〇月一五日午後二時すぎ、北朝鮮による拉致《らち》事件で生存が確認された五人が、日本政府チャーター機で東京・羽田空港に降り立った。一九七八年に拉致された五人にとって、二四年ぶりの帰国。五人は帰国後の会見で「みなさんに会えてうれしいです」「両親の元気な姿を見て本当にうれしい」などと、あきらめていた帰国がかなった喜びを語った。

帰国したのは、蓮池薫《はすいけかおる》さん・奥土祐木子《おくどゆきこ》さん夫妻と、地村保志《ちむらやすし》さん・浜本富貴恵《はまもとふきえ》さん夫妻、曾我《そが》ひとみさんの五人。蓮池さん夫妻は新潟県柏崎《かしわざき》市、地村さん夫妻は福井県小浜《おばま》市、曾我さんは新潟県佐渡島《さどがしま》のそれぞれ海岸近くで一九七八年に拉致されていた。蓮池夫妻と地村夫妻は当時交際中で、北朝鮮に連れていかれてから結婚。曾我さんは北朝鮮で、在韓米軍勤務中に北朝鮮へ渡った元米兵のジェンキンスさんと結婚した。

蓮池さんの二一歳の長女と一八歳の長男、地村さんの二一歳の長女と一八歳の長男、一五歳の二男、そして曾我さんの夫ジェンキンスさんと一九歳の長女、一七歳の二女は、帰国の対象とならず、北朝鮮にのこった。

五人の帰国は当初「最大で二週間の一時帰国」とされたが、日本政府はその後、「永住帰国を前提にした滞在延長」と方針を転換。五人を北朝鮮にもどすことはせず、北朝鮮にいる家族を早く日本に帰国させるよう要求することとした。日本は、一九七七年に一三歳で拉致された後、北朝鮮で死亡したとされた横田めぐみさんの娘、一五歳の「キム・ヘギョン」さんについても、日本にもどすことを求めている。

日本は、被害者家族らの早期帰国をふくむ「拉致問題の解決」を、北朝鮮との国交正常化の前提条件とすることとした。日本は、北朝鮮の核《かく》開発やミサイル輸出といった国際的な安全保障問題といっしょに拉致問題も解決されなければならないと、国際社会に訴えている。

ただ、日本政府の主張する「拉致問題の解決」とは具体的にどんなことを指すのか、北朝鮮が何をすれば「解決」とみなされるのかについては、日本政府内でも統一された見解が出されていない。また、米国などは拉致問題解決に協力するといっているものの、最終的には核やミサイルといった国際的な安全保障にかかわる問題の解決が優先されるのではないかという懸念《けねん》も指摘されている。

北朝鮮は、五人を北朝鮮にもどさないという日本側の決定に強く反発。「すでに解決された拉致問題を使って、大々的な反北朝鮮キャンペーンをくりひろげている」と日本を非難している。同月（二〇〇二年一〇月）末にクアラルンプールで再開された日朝国交正常化交渉でも、日本側が家族の帰国を要求したのに対し、北朝鮮側は「五人は一度北に帰らないといけない」とくりかえしただけだった。

一方、五人の帰国直後に、北朝鮮が新たな核開発をしていることが発覚した。核問題は、日本だけでなく、国際社会全体の問題だ。日本は、核問題解決にめどがつかないのに、拉致問題の協議だけを先へ進めることはできなくなった。だが、北朝鮮は「核問題は米国としか交渉しない」という態度をとり、日朝間の協議は停滞することとなった。

なぜ日本人を拉致したのか

北朝鮮は、なぜ日本人を拉致したのだろうか。その背景には、日本の植民地だった朝鮮半島が日本の敗戦によって解放されたさい、朝鮮半島の中心部を走る北緯三八度線を境として南北に分断されたことがある。三八度線の南には米軍、北には旧ソ連軍が進駐《しんちゅう》。南北は分断されたまま、南は「大韓民国（韓国）」、北は「朝鮮民主主義人民共和国（北朝鮮）」の樹立を宣言したのだ。

北朝鮮の公式の歴史では、北朝鮮の初代指導者である故金日成《キムイルソン》主席が抗日闘争《こうにちとうそう》を戦い抜いて独立したことになっている。そして、北朝鮮の国家目標は、北朝鮮の指導理念である「主体思想《チユチエ》」に基づく革命を韓国で起こして朝鮮半島の統一をなしとげることだ。「赤化統一」と呼ばれるこうした考えは、北朝鮮を支配する朝鮮労働党の規約に今でも明記されている。

北朝鮮が「赤化統一」をしようと起こしたのが、一九五〇年六月二五日に始まった朝鮮戦争だ。旧ソ連の後押しをうけた北朝鮮は当初、圧倒的な強さをみせたが、米国が中心となった国連軍が韓国支援のため参戦して反撃。国連軍が、中国との国境に近い朝鮮半島最北部にまで北朝鮮軍を追いやると、今度は、北朝鮮支援のために中国人民義勇軍《ぎゆうぐん》が全面介入に踏み切った。三年にわたって戦われた戦争は結局、当初の境界線だった三八度線近くに新たな境界線である「軍事境界線」(一〇〇ページの地図を参照)を設定することで休戦となった。戦争では、朝鮮半島のほぼ全土が戦場となり、民間人と軍人あわせて一五〇万人以上が死亡した。

朝鮮戦争は現在も、法律的には「休戦」状態だ。韓国と北朝鮮は今でも、軍事境界線近くに合計で一〇〇万人以上の軍隊を配備してにらみあっている。抗日ゲリラを建国の礎《いしずえ》としている北朝鮮は、とくに韓国への工作活動やテロを活発におこなってきた。北朝鮮によるテロと見られているのは、一九六八年の青瓦台《チョンワデ》(韓国大統領官邸)襲撃未遂《みすい》事件、一九八三年のラングーン爆弾テロ事件、一九八七年の大韓航空機爆破事件などだ。ただ、北朝鮮は大韓航空機爆破事件以降、こうしたテロをおこなっていない。

拉致を謝罪した金正日総書記

北朝鮮の金正日《キムジョンイル》総書記は二〇〇二年九月一七日、小泉純一郎首相との日朝首脳会談で、日本人拉致について謝罪した。「拉致は日本側のでっち上げだ」と主張していた北朝鮮が、拉致という犯罪行為を初めて認めたのだった。

二〇〇〇年に金大中《キムデジュン》韓国大統領との南北首脳会談の会場としても使われた平壌《ピョンヤン》の百花園迎《げい》賓《ひん》館《かん》で、小泉首相と向きあって座った金総書記は「拉致の問題について説明したい」と重い口をひらいた。

「背景には数十年の敵対関係があるが、まことにいまわしい出来事だ。七〇年代、八〇年代初めまで、特殊機関の一部が妄動《もうどう》主義、英雄主義に走って、こういうことをおこなってきたと考えている。(拉致をしたのには)二つの理由がある。一つは、特殊機関で日本語の学習ができるようにするためであり、もう一つは、他人の身分を利用して南(韓国)に入るためだ。私が承知するにいたり、責任ある人々は処罰《しょばつ》された。これからは絶対にしない。遺憾《いかん》なことであったと、率直におわびしたい。二度と許すことはしない。」

金総書記の発言のポイントは、次のようなものだ。

①工作活動を担当する特殊機関が昔、勝手に日本人を拉致していた。

②日本語教師が必要だったり、工作員用に日本旅券を取る必要があったからだ。

③私は知らなかった。私が知ったので、責任者は処罰したし、もう絶対にやらせない。

金総書記は、責任はすべて部下に押しつけながら、拉致について謝罪したのだった。

北朝鮮側は首脳会談直前、日本側から調査依頼のあった「八件一一人」と、欧州で失踪《しっそう》して北朝鮮に行ったと見られている人たちに関する調査結果を伝えてきた。結果は、蓮池さんら五人の生存と、横田めぐみさんら八人の死亡というものだった。生存とされた曾我ひとみさんは、日本側の調査依頼リストにはない名前だった。

一三歳の時に新潟市の自宅近くで連れ去られ、拉致問題の象徴的存在となっていた横田さんが「死亡」とされたことは、日本の世論に大きなショックを与えた。北朝鮮側はさらに、北朝鮮で現地の人間と結婚した横田さんには、キム・ヘギョンさんという一五歳の娘がいると連絡してきた。日本側はその後、キム・ヘギョンさんについてDNA鑑定《かんてい》を実施し、横田さんの娘であることを確認した。

なぜ拉致を認めたのか

金正日総書記は、なぜ拉致を認めたのだろうか。日朝首脳会談で署名《しょめい》された平壌宣言をみると、金総書記の考えを推察することができる。

平壌宣言のおもな内容は、次のようなものだ。

①二〇〇二年一〇月中に国交正常化交渉を再開する。

②日本は過去の植民地支配に、痛切《つうせつ》な反省と心からのおわびを表明する。

③日本は国交正常化後、無償《むしょう》資金協力などの経済協力をおこなう。

④双方は、第二次大戦の終戦前に生じた理由に基づく財産および請求権を放棄《ほうき》する。

⑤日本国民の生命と安全にかかわる懸案《けんあん》について、北朝鮮側は再発防止措置《そち》を取る。

⑥北東アジアの平和と安定を維持、強化するため協力する。

⑦核問題に関連するすべての国際的合意を順守する。

⑧ミサイル発射のモラトリアム（留保）を二〇〇三年以降も延長していく。

平壌宣言には「拉致」という言葉は入っていない。金総書記が拉致と同じように認め、再発防止を約束した日本近海への工作船派遣とともに、「日本国民の生命と安全にかかわる懸案」という間接的な表現にされたからだ。これは、拉致や工作船で謝罪したことを北朝鮮国民には知らせたくないという金総書記の考えを、日本側が受け入れたことを意味する。

だが、それ以外の項目は、ほぼすべて日本側の主張通りだといえる。とくに注目されるのは、国交正常化後に日本が「無償資金協力などの経済協力」をおこなうとされた点だ。④の「財産および請求権」というのは、戦前、すなわち日本が朝鮮半島を植民地支配していた時代に、日本人が現在の北朝鮮で所有していた土地や工場などの財産と、朝鮮人労働者への「未払い賃金」や朝鮮人が所有していた日本国債《こくさい》などに対する債権のことだ。これらは、本来ならば、きちんと調べて権利をもっている人、もしくは相続した人に補償《ほしょう》されるべきものだが、現実問題として事実関係を確定させることはきわめて難しい。

日本が一九六五年に韓国と国交正常化したさいには、日韓双方がおたがいに「戦前の財産と請求権」を放棄することとしたうえで、計五億ドルの経済協力が韓国に対しておこなわれた。この経済協力には、日本が一九一〇年から四五年まで朝鮮半島を植民地支配したことへのおわびという意味合いがふくまれている。だから、日本側は、日本と北朝鮮の国交が正常化されれば、経済協力をする用意があるとしてきた。

一方、北朝鮮は、日本から支払われる「カネの性格＝名称」にこだわっていた。抗日独立闘争を戦って国をつくったという歴史を国民に教えている北朝鮮は、敗戦国が戦勝国に支払う「賠償《ばいしょう》」や「補償」を要求していた。だが、日本側は「北朝鮮とは戦争をしたわけではない」と反論し、韓国と同じ「財産権と請求権方式」に基づく経済協力なら可能だと主張してきた。

平壌宣言に「経済協力」と明記されたのは、国交正常化交渉で最大の懸案の一つだったこの問題で北朝鮮が譲歩《じょうほ》したことを意味する。核やミサイルについても、日本側の主張が通ったとみていい。

平壌宣言はさらに、冒頭で「二〇〇二年一〇月中に国交正常化交渉を再開する」とした。ここからは、「拉致や工作船について体面を捨てて謝罪し、抗日闘争で独立を勝ち取ったという名分を得られなくてもいい、早く日本と国交正常化してカネがほしい」という金総書記の本音がうかがえる。北朝鮮は、それほど苦しい状況に追い込まれているということだ。

金総書記が拉致を謝罪したのは、父である故金日成主席の「前例」を踏襲《とうしゅう》したものだとみられる。金主席は一九七二年五月、訪朝した韓国大統領特使に対して、その四年前に起きた青瓦台《チョンワデ》（韓国大統領官邸）への襲撃未遂事件を謝罪している。金主席はその時、事件は北朝鮮内の「左翼妄動《もうどう》分子」が起こしたもので、「決して私の意思や党の意思ではない」と釈明《しゃくめい》した。韓国はこの謝罪を受け入れ、南北は二カ月後に統一の三大原則などに合意した。金総書記は、父にならって日朝国交正常化を早く進めようとしたのではないだろうか。

ただ、金総書記は、日本の世論が強く反発することを計算できなかった。金総書記は、一九九三〜九四年の核危機で米国と対等にわたりあう外交を展開し、専門家からは「高い能力をもっている」と評価されていた。それでも、金日成主席と金正日総書記の父子が神格化され、徹底的な監視・統制社会で自由な世論など存在しない北朝鮮に生きているだけに、世論がどう反応するかということを予測することはできなかったようだ。

なぜ北朝鮮は苦しいのか

世界が東西の陣営に二分されていた冷戦時代には、北朝鮮は、旧ソ連や中国、東欧の社会主義諸国などから「友好価格」というタダ同然の価格でエネルギーや工業製品の提供を受けていた。朝鮮半島の南部には韓国という米国の同盟国があり、東西両陣営が対立する最前線に位置する北朝鮮は戦略的に重要な国だったのだ。

だが、一九八〇年代末から九〇年代初めにかけて、旧ソ連と東欧の社会主義国は次々と崩壊し、冷戦の時代は終わった。それらの国から北朝鮮に「友好価格」で提供されていた物資

交遊抄

食客仲間

豊川　圭一

京都での定宿は太田家。旅館ではなく友人宅である。京都西院に三百年続く太田家第十五代当主嘉兵衛氏は慶応大学の先輩、靖子夫人は同級生で、今年共に還暦を迎える。

白壁に囲まれた広い屋敷。大人《たいじん》の風格漂う温厚なご主人に、人好き、世話好きな奥方とくれば、居心地の悪かろうはずがない。出張時はもちろん、三菱信託銀行での関西勤務六年のうち、相当期間を太田家の食客で過ごしてしまった。

食客仲間には同級生が多い。「おかあさんの男友達ばかり」と嘉兵衛氏は嘆くが、彼女が招き集めたのだから仕方がない。当時の紅一点、マドンナの招きを断る者ないない。かくして関西勤務の経験者は全員が食客仲間。徹底的に面倒を見てもらった恩義も加わり、完全に彼女に忠誠を誓う羽目《はめ》になった。

近ごろは彼女が取り仕切るイベントへの夫婦そろっての参加を義務づけられている。今年は特にイベントが多い。間近に迫る還暦記念ハワイ旅行に恒例の軽井沢ゴルフ合宿は九月。十月には嵐山の太田家持山でのマツタケ狩り。大分でフグ肝を食す会は冬の催しと盛りだくさん。時間的、経済的、それに体力的制約から、皆で手分けして付き合おうと話している。（とよかわ・けいいち＝日本マスタートラスト信託銀行社長）

仕返しに暴走族風の男を刺した」と話し、起訴事実を認めているという。

2少年に不定期求刑
16歳未満で初の逆送

少年法改正後、十六歳未

元オウム信者転入で高裁

オウム真理教（アーレフに改称）元信者の男性が、転入届を受理しなかった埼玉県越谷市に百万円の損害賠償などを求めた訴訟の控

に遺族感情を逆なでする内容の不規則発言を予告しているという。「言わないと一生後悔する、退廷を命じられても構わない」など姿勢を崩していないことから、弁護団は「裁判長の裁量で一定の発言を認めてほしい」と申し入れた。認められた場合、宅間被告に対して子供への謝罪

長崎の男児殺害
少年の前での陳述を望まず
遺族が上申書提出

長崎市の種元駿ちゃん誘拐殺人事件で、遺族側が二十七日、家裁送致された中一の少年（12）＝鑑定留置中＝が出廷する審判の場での意見陳述は望まないとする上申書を、長崎家裁に提出した。

きれい」と興奮を抑えきれない様子。妻と天文台の望遠鏡で火星を見た練馬区の自営業、橋本雅義さん（57）は「オレンジ色でとてもきれいだった」と満足そうだった。

車内温度50度 3歳児が死亡

福島、母はパチンコに

二十七日午後零時半ご

は、当然ストップした。

北朝鮮を支援するため朝鮮戦争に参戦し、北朝鮮とは「血盟同盟《けつめいどうめい》」という特殊な関係にあるとしていた中国も、冷戦終了と同時に朝鮮半島政策を大きく転換させた。改革開放政策を進める中国は、一九九二年に韓国との国交を樹立し、朝鮮半島では南北と均等につきあうという外交政策を追求しはじめた。

中国は北朝鮮への支援を打ち切りはしなかったが、支援に対する支払いを、米ドルなど国際市場で通用する通貨で支払うよう求めたり、それまで無償だった援助を有償に切りかえるなどした。外貨をかせぐ輸出商品などない北朝鮮には、きわめて厳しい条件だった。

中国は一九九〇年代末になってから、北朝鮮との関係改善をはかったが、それでも、中国共産党関係者のことばをかりれば、「昔のような特殊な関係ではない」。中国はいま、北朝鮮との関係を「隣国との正常な関係」にしようとしている。

北朝鮮は冷戦終了後、極端な物不足におそわれることになった。とくに、九〇年代中盤《ちゅうばん》には、毎年のように洪水《こうずい》や干《かん》ばつに見舞われて農業が壊滅《かいめつ》状態においった。国際社会からの支援がおこなわれたものの、食糧は絶対的に不足し、多くの人が栄養失調となった。韓国や日本では「数百万人が餓死《がし》した」という推測も出ているが、北朝鮮が国際的な調査団を受け

平壌中心部の高麗ホテル近くの街角にあった屋台で，パンや菓子などを売っていた．特権階級だけが住む首都・平壌は，地方よりも食糧事情がよいとされる(2002 年 9 月)．

入れていないため、餓死者に関する正確な数字はわからないままだ。

北朝鮮の人々は、工場の資材をもちだして闇《やみ》市場で売ったり、中国東北部の朝鮮族自治州に住む親類に援助してもらったりして、食糧を調達しているといわれる。北朝鮮から陸続きの中国へ脱出した「脱北者」も推計で数万人。韓国への亡命者《ぼうめいしゃ》も、一九九〇年代初めまでは毎年数人程度だったのに、九四年以降は急増しつづけており、二〇〇二年には一一四一人となった。

北朝鮮は最近、配給制の廃止を柱とする大規模な経済改革や、中朝国境地帯である新義州《シニジュ》に経済特区を設置するといった経済再建のための政策を相次いで打ち出している。だが、こうした改革に必要な資金を北朝鮮はもっておらず、改革はいずれも成功していない。北朝鮮としては、なんとしても日本からの経済協力が必要なのだ。

また、金正日総書記の個人的な事情を指摘する見方もある。「二代目」として権力を継承した金正日総書記は、抗日独立闘争を戦った経歴をもつ父の金日成主席にくらべてカリスマ性に欠けるため、経済再建を急がざるをえないという見方だ。

北朝鮮では、一九九四年に金主席が死去したのと前後して食糧危機が起こり、経済は完全に破綻《はたん》した。名実ともに金正日時代になってから何年もたつのに、こうした危機的状況が改善される気配を見せないのでは、金総書記の権威がゆらぎかねない。金総書記がもっとも恐れているのは、金正日体制に対する不満が国民のあいだで強まることであり、それを防ぐためにも、経済の再建を急ごうとしているのだろうと指摘する専門家もいる。

拉致問題と核問題に共通する「計算違い」

北朝鮮は二〇〇二年一〇月初め、ブッシュ米大統領の特使として訪朝したケリー米国務次官補に対して、濃縮ウランを使った核開発計画の存在を認めた。

米国は、新たな核開発をしないと約束した米朝枠組み合意（一九九四年一〇月）への違反だと北朝鮮を非難した。北朝鮮はこれに対して、米国が金正日体制の存続《そんぞく》を保障してくれるなら核問題は解決できると主張し、そのための対話に応じるよう米国に要求。米国が「北朝鮮が核開発を放棄《ほうき》するのが先だ」として対話を事実上拒否すると、北朝鮮は枠組み合意に基づいて凍結《とうけつ》されていた核関連施設を再稼働《さいかどう》させ、核拡散防止条約(NPT)からの脱退を宣言するなどといった強硬措置《きょうこうそち》を次々と取った。

危機的な状況をつくりだし、事態を放置できなくなった米国が対話に応じざるをえないようになることをねらう「瀬戸際《せとぎわ》戦術」という北朝鮮特有の外交戦術を展開したのだった。だが、北朝鮮をイラク、イランとならぶ「悪《あく》の枢軸《すうじく》」と呼ぶブッシュ大統領の反応はきわめてきびしく、北朝鮮の「瀬戸際戦術」はなかなか効果をあげられないでいる。

じつは、拉致問題と核問題における北朝鮮の対応には、よく似た点がある。どちらも「前例」を研究したうえで、北朝鮮なりに「こうすれば最大の効果をあげられる」と計算したと考えられるのだ。「前例」と現実では周囲の環境がまったく違うことを計算できず、思ったような効果をあげられないでいる点も同じだ。

拉致問題の前例は、前述した金日成主席の「謝罪」だった可能性が高いが、東西冷戦の最前線できびしい状況に置かれていた一九七〇年代の韓国と、二〇〇二年の日本における世論の力の違いを北朝鮮は計算できなかった。

核問題での前例は、一九九三～九四年の核危機だろう。北朝鮮は当時、核開発をちらつかせることでクリントン政権下の米国を対話の場に引き出し、核開発を断念する見返りに軽水《けいすい》炉《ろ》型《がた》原発《げんぱつ》二基を北朝鮮がもらえるという米朝枠組み合意をまとめた。枠組み合意ではさらに、軽水炉型原発が完成するまで、米国が毎年五〇万トンの重油を発電用に供給するとされた。韓国統一省によると、北朝鮮が二〇〇一年に入手した石油類は、枠組み合意に基づく重油五〇万トンをふくめて一二五万トンだけ。エネルギーを大量に消費する米国にとっては小さな数字である重油五〇万トンも、北朝鮮にとっては非常に大きなエネルギー源となる。北朝鮮は、成功するかどうかもわからない核開発の断念をエサに、数十億ドル相当の原発と重油を事実上タダで手に入れたのだ。

だが、核問題でも今回、北朝鮮は計算違いをした可能性が高い。

ブッシュ政権は二〇〇一年九月の同時多発テロ以降、核兵器をはじめとする大量破壊兵器の問題にきわめてきびしい態度をとるようになった。そして、翌二〇〇二年九月には、米国の安全を脅《おびや》かしうる敵対国には先制攻撃をかけることもあるという「ブッシュ・ドクトリン」と呼ばれる新しい考えを打ち出した。「ブッシュ・ドクトリン」の適用第一号がイラク戦争だ。

北朝鮮にとって、さらに悪材料となっているのは、ブッシュ政権には「何事においてもクリントン政権と同じことはしたくない」という空気が強いことと、ブッシュ大統領が「(国民を飢《う》えさせている)金正日は大きらいだ」と公言していることだ。

一九九四年当時に駐米大使を務めていた韓国の韓昇洙《ハンスンス》前外相は、「ブッシュ政権は、クリントン政権とは違う。とくに、同時多発テロ後の米国は、それ以前の米国とはまったく変わってしまった。だが、北朝鮮の指導部には、米国のことを肌《はだ》で知っている人がいない。彼らは、こうした違いをきちんとわかっているのだろうか」と心配する。

北朝鮮がいつ、ブッシュ政権に対する計算違いに気付くのか。その時、北朝鮮は、外交戦術にどのような修正を加えるのか。核問題の展望はこの点にかかっている。いまや核問題と密接にリンクせざるをえなくなった拉致問題の解決も、これに大きく左右される。そして、もちろん北朝鮮の将来も、核問題のゆくえによって大きく変わってくることになるだろう。

韓　国

日韓の新しい関係にむけて

堀 信 一 郎

与党・新千年民主党の大統領候補として選出され，笑顔を見せる盧武鉉氏(中央，2002 年 4 月 20 日，韓国の新聞「朝鮮日報」提供).

【国名】 大韓民国
【面積】 9万9538平方キロメートル(朝鮮半島の45%)
【人口】 4734万人(2001年)
【首都】 ソウル
【住民構成】 朝鮮民族
【宗教】 仏教1032万人, プロテスタント876万人, カトリック295万人
【国内総生産】 4760億ドル(2002年)
【1人あたり国民総所得】 10015ドル(同)

問した。

「近くて遠い国」からの脱却

韓国（大韓民国）の盧《ノ》武鉉《ムヒヨン》大統領が、二〇〇三年六月上旬、大統領就任後、初めて日本を訪問した。

盧大統領は六月七日、小泉純一郎首相と首脳会談し、北朝鮮（朝鮮民主主義人民共和国）の核保有を容認せず連携《れんけい》して平和的解決をめざす決意を明記した共同声明を発表した。

その前日、盧大統領は皇居での宮中晩餐会《きゆうちゆうばんさんかい》に招かれた。

盧大統領は、晩餐会のスピーチで「昔から韓国と日本は近い隣国でした。地理の面だけでなく、文化的にも、情緒的《じようちよてき》にも関係の深い隣国でありました」と述べた。さらに日韓関係について、こう述べた。

「二〇〇二年は韓日関係史において記憶に残る、意義深い年でした。サッカー・ワールドカップの共同開催《かいさい》は史上初の試みでした。私たちは力と知恵をあつめて、アジア初のワールドカップの開催を立派になしとげました。ソウルと東京の街中で、レッドデビル（韓国の応援団）とウルトラスニッポン（日本の応援団）がいっしょに肩を並べて、たがいを応援しました。だれかが命令してそうなったわけではありません。心と心が一つに結ばれた、非常に美しい光景でした。」

一九一〇年八月末から四五年八月までの三五年間、日本による植民地支配を経験した韓国には、古くから反日感情がある。だから、日本と韓国の関係は「近くて遠い国」と表現されてきた。だが、二十一世紀に入り、両国は「未来志向の新しい関係」になろうと努力している。とくに盧大統領は戦後生まれで、新しい感覚をもっている。このため「和解と協力を基礎にして、北東アジアの未来を日本といっしょに築こう」と呼びかけている。

盧大統領が、二〇〇二年一二月の大統領選で当選したのはなぜか——。大統領選で、国民がどんな選択をしたのかを分析すると、今の韓国が見えてくるはずだ。

その前に韓国の政治について簡単に見てみよう。

三金政治

軍事独裁時代をへた韓国が、今のような大統領直接選挙制になったのは、盧泰愚《ノテウ》大統領が当選した一九八七年一二月の第一三回大統領選からだ。同年一〇月におこなわれた憲法改正により、大統領の任期は五年、再選は禁止となった。再選が禁止されているので、任期の後半は「次の大統領」をにらんで政界が騒がしくなる。選挙権は二〇歳以上。

韓国人は政治に関心が強く、時の大統領に対しても、自分の考えをはっきりともっている。サラリーマンが集まり、いっしょに食事をする時には政治の話をすることが多い。日本の植民地支配や朝鮮戦争(一九五〇〜五三年)を経験し、北朝鮮の核《かく》の脅威《きょうい》を身近に感じる韓国の人たちにとって、政治の安定が最大の関心事だ。「韓国の政治はダイナミックに動く。とくに大統領の権限は絶大なので、政策が突然変わることもある。政治は生活に直接影響を与える。だから、韓国では政治に無関心ではいられない」というのが若者たちの共通した考えだ。

古くから韓国政治は、全羅道《チョルラド》出身の金大中《キムデジュン》前大統領、慶尚道《キョンサンド》出身の金泳三《キムヨンサム》元大統領、忠清道《チュンチョンド》出身の金鍾泌《キムジョンピル》自由民主連合総裁が牛耳《ぎゅうじ》ってきた。三人にはカリスマ的な存在感があり、国民は自分と同じ出身地の金氏を支持していた。三人の金氏なので、「三金政治」といわれ、その政治構造は三〇年以上つづいた。

だが、金大中、金泳三の両氏は、すでに大統領を経験して、表舞台から去った。金鍾泌も影響力がおとろえてきた。だか

韓国歴代大統領

1948〜	李承晩《イスンマン》
1960〜	尹潽善《ユンボソン》
1962	
1963〜	朴正熙《パクチョンヒ》
1979〜	崔圭夏
1980〜	全斗煥《チョンドゥファン》
1988〜	盧泰愚《ノテウ》
1993〜	金泳三《キムヨンサム》
1998〜	金大中《キムデジュン》
2003〜	盧武鉉《ノムヒョン》

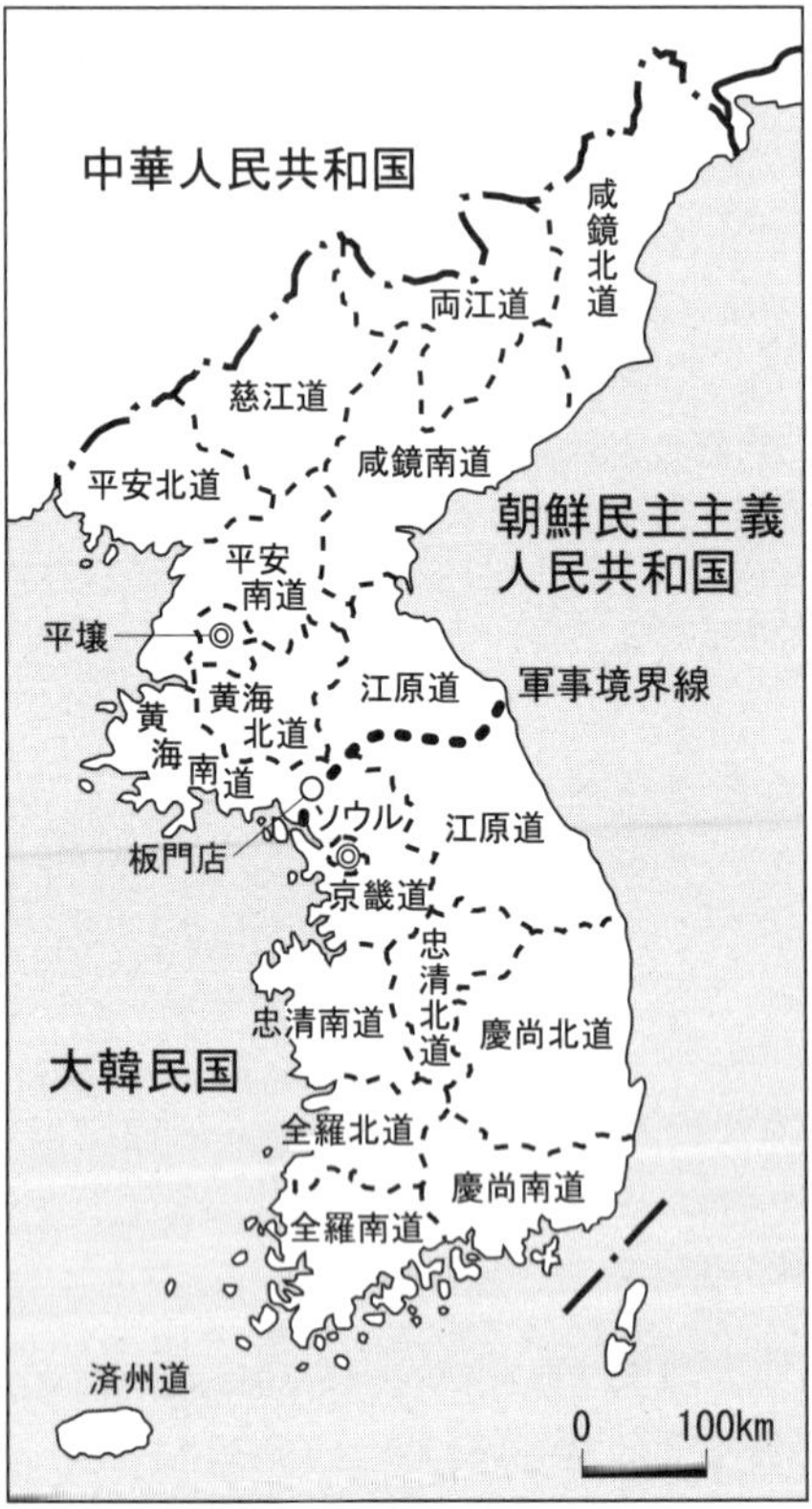

ら、二〇〇二年の大統領選は、「三人の金氏が政界から退場し、新しい指導者をえらぶ選挙」という歴史的な意味があった。

大統領選の構図は、与党・新千年民主党(民主党)の盧氏と、野党ハンナラ党の李会昌《イフェチアン》氏の「保革一騎《いっき》打ち」だった。李氏は前回一九九七年の大統領選にも出馬した。六七歳の李氏は、

「古くさい政治家」というイメージが強かった。

それにくらべて、盧氏は若さが売り物で、「何か新しいことをやりそうだ」という期待感があった。ただ盧氏は五六歳、政治経歴は短く「無名の人」だった。

盧武鉉大統領はどんな人？

ここで盧氏の人物像を紹介しよう。

一九四六年九月一日、韓国南部の都市、釜山《プサン》市の近くの金海《キノヘ》に生まれた。三男二女の末っ子で、貧しい農家の家庭だった。

盧大統領は、物事の原則を重んじ、正義感が強いという評判だ。それが、若者に支持される理由だ。盧大統領が子どものころ、その正義感の強さを示したエピソードがある。小学生の時のことだ。校内の書道大会で自分が一等になる自信があったが、親の手を借りて書いた別の生徒が一等になった。盧少年は、納得できないと怒り、授賞式で二等賞の受賞を拒否したのだった。

もうひとつの逸話《いつわ》がある。これは中学の時のことだ。当時の李承晩《イスンマン》大統領をテーマにした作文の宿題が出た。だが、大統領選の前だったため、「不当な選挙運動ではないか」と疑問をもち、白紙で提出した。当時はまだ大統領の再選が認められていた時代だ。このため、一週間の停学処分を受けた。

高校は釜山商業高校を選んだ。家庭が貧しかったため、学費を出すのが大変だった。釜山商業高には奨学金《しょうがくきん》制度があった。「貧しい家計を支えるため」というのが商業高校を選んだ理由だった。

高校卒業後は小さな会社に就職したが、待遇《たいぐう》が不当だと感じ、辞めた。そして、子どものころからの夢だった弁護士になるため、独学で司法試験の勉強を始めた。

司法試験に合格したのは一九七五年、二九歳の時だった。弁護士時代は労働問題を中心に活躍し、人権派の弁護士として頭角をあらわした。

政界に身を転じたのは一九八八年のこと。四二歳で国会議員に初当選した。

政治家としては決して目立っていたわけではない。閣僚経験も二〇〇〇年八月から翌年三月まで海洋水産相を一度経験しただけだ。ただ、弁護士出身のため、弁が立つ。野党時代に全斗煥《チョンドゥファン》・前大統領を糾弾《きゅうだん》する国会聴聞会《ちょうもんかい》で鋭い質問を浴びせたため、全・前大統領が興奮して自分の木製の名札を投げつけたほどだった。

「金も学歴も派閥《はばつ》もない私が大統領候補になれるなど、これまでだったら考えられないことだ。新しい政治は始まっている。」二〇〇二年春、正式に与党・新千年民主党(民主党)の大統領候補になった盧氏が再三、口にしたせりふだ。

盧大統領には、「筋を通す男」という評判もある。二〇〇〇年の総選挙でも、その本領が発揮《はっき》された。盧氏は、再選は間違いないといわれたソウル選挙区ではなく、過去に二度落選した釜山での挑戦を選んだ。民主党の支持基盤は全羅道、ハンナラ党は慶尚道という地域対立の構図を崩すためだった。結果は落選だった。

だが、落選直後から「地域主義」に挑《いど》んだ盧氏を励ます電子メールが殺到した。ついには、盧氏のファンクラブまで結成された。政治家のファンクラブは前代未聞《ぜんだいみもん》だ。そしてこのファンクラブが二〇〇二年一二月の大統領選で大活躍することになる。インターネットを駆使《くし》して支持運動を展開したのだった。

盧大統領は、韓国が日本の植民地支配から解放された後の一九四六年生まれ。「反日教育」を受け、日本語を話せない世代だ。日本語は使えず、韓国語(ハングル)だけで育った世代は、ハングル世代とも呼ばれる。

過去、日韓関係は対立と和解をくりかえしてきた。対立が激化すると日韓の政治家が政治決着をはかってきた。それは、金大中、金泳三、金鍾泌という「三金政治家」をはじめ、旧世代の政治家が日本語を話せたからだ。民主党の国会議員は、こう振りかえった。「昔は日本人の政治家が、韓国にやってきて、酒を飲みながら、三金クラスの政治家と日本語で話していた。これは、たがいの理解におおいに役立ったはずだ。」

三金にかぎったことではない。韓国の歴代大統領のほとんどが日本語を話すことができ、日本の新聞も読んでいた。日本人が韓国を知る以上に、日本のことを知っていたとみていい。日韓政治の世界では、根回しが通用した時代もあった。だから、多少の波風が立っても、日韓の大物政治家が話し合い、日韓関係は最悪の事態を避けてきたというのも事実だ。だが、今後はそうはいかない。日韓両国の政治家は世代交代した。まず、たがいに知り合うことから始め、真っ正面から国益を主張することになるだろう。

盧大統領は、日本でもまったく知られていない人物だった。だから、大統領に当選した直後、日本や米国などの同盟国では「盧氏はどんな人物か」と情報収集が始まった。

盧氏は若いころ、ヨットの講習を受けるため一度、日本を訪問しただけ。大統領になるまでは、米国への訪問経験はなかった。日本でも米国でも知名度の低かった盧大統領だったが、今では物事を率直にいう大統領として共感を得ている。

インターネット世代と政治

盧大統領の誕生には、二〇〜三〇代の若者が大きな役割を果たした。また、選挙権がない高校生の「反米運動」も、大統領選での反米ムードに影響を与えた。

大統領選の年である二〇〇二年、韓国各地で大規模な「ろうそく集会」が開かれた。一時期は、ソウル市庁舎前に何万人もの人たちが手にろうそくを掲げて集まった。

きっかけは、二〇〇二年六月一三日に発生した在韓米軍の装甲車《そうこうしゃ》による死亡事故だった。死亡した少女の冥福《めいふく》を祈るため、ろうそくの灯《ひ》を掲げる集会は、高校生らの呼びかけでひろまった。ちょうどサッカー・ワールドカップ(W杯)で韓国が熱狂に包まれていた時だった。

在韓米軍による事故はソウル近郊の町、京畿道《キョンギド》で起きた。帰宅途中の中学二年の二人の女子学生が、米軍の装甲車にひかれて死亡した。対向車線を走ってきた装甲車との接触を避けようとした別の装甲車が側道に乗り上げ、歩いていた少女をひいたのだった。在韓米軍は、事故にかかわった米兵二人を過失致死罪で起訴した。

だが、一一月、在韓米軍の軍事法廷が二人の米兵に無罪を言い渡したため、韓国の人たちの怒りが一気に吹き出した。

ソウルにある米国大使館などで少女を追悼《ついとう》する「ろうそく集会」がどんどん大規模になっ

在韓米軍のひき逃げ事件で死亡した女子中学生を追悼するため，2002年12月14日にソウル中心部で開かれた「ろうそく集会」(朝鮮日報提供).

た。そのようすをインターネットの書き込みで知った若者たちが集まり、一二月の週末には何万人もがソウル中心部に結集した。ちょうど大統領選の最中でもあった。集会は政治的にも利用された。盧大統領は選挙期間中、「反米主義」を思わせるような発言をしていたため、「ろうそく集会」に集まった若者たちは、「盧氏、支持」を叫んでいた。

北朝鮮と朝鮮戦争(一九五〇～五三年)を戦い、現在は「休戦状態」にある韓国は、米軍が駐屯《ちゅうとん》していることで北朝鮮の脅威を牽制《けんせい》している。だが、米軍による事故が起きるたびに、「米軍は必要ない」という声があがる。これは、沖縄の事情と似ている。

少女の痛ましい死は、北朝鮮の脅威という

現実をおおいかくすほどの衝撃だった。インターネットの掲示板には「在韓米軍は必要ない」「米軍はアメリカへ帰れ」などの書き込みが殺到した。そして大統領選では、若者たちはインターネットによる呼びかけで、自発的に盧氏を支えたのだ。ブロードバンド(大容量高速通信)普及率が世界一という韓国社会ならではの現象だった。

こうした選挙を、当時の大統領金大中氏は「新しい選挙文化」と表現し、「政治発展の歴史的な転機となった」と称賛《しょうさん》した。盧氏が所属する民主党の幹部は「選挙革命」と表現した。

大切な米韓関係

若者たちが反米を訴えたろうそく集会は、韓国と米国との関係にも影響を与えた。二〇〇三年は米韓相互防衛条約の締結《ていけつ》五〇周年にあたる。この条約は、日本でいう日米安保条約だ。北朝鮮の脅威に直面する韓国にとって、条約には大きな意味がある。だが、在韓米軍による中学生死亡事故によって、国民感情は「米軍は出ていけ」の大合唱になった。

こうした韓国内の動きを米国のブッシュ大統領はにがにがしく思っていた。盧大統領も、北東アジアの安全保障を考えると米国の協力は不可欠だということがよくわかっていた。そこで、盧大統領は大統領に就任後、さっそく米国との関係修復に乗り出したのだった。

二〇〇三年二月に正式に大統領に就任した盧大統領が、最初の外国訪問先として選んだのが米国だった。賛否《さんぴ》が分かれるなかで、米国が踏み切ったイラク攻撃でも、韓国はすぐに米国支持を表明した。

盧大統領とブッシュ大統領は五月一四日、ワシントンのホワイトハウスで初の首脳会談をおこなった。会談後、発表された共同声明は、北朝鮮が使用済み核燃料棒の再処理や核保有に言及していることを深く憂慮《ゆうりよ》し、北朝鮮のこうした動きは北朝鮮の孤立化を招くだけであると強調した。米韓両国の友好と同盟関係の重要性も強調し、北朝鮮の核問題を解決するために米韓協調体制を強化することも宣言した。

盧大統領は訪米前、「韓国内に反米感情がひろがっているという米国の誤解を解くために努力する」と述べるほど米国に気をつかっていた。ブッシュ大統領とは初対面だったが、会談を機会に親密になることにも努力した。

微妙なズレを抱えていた盧大統領とブッシュ大統領は、首脳会談で打ち解けた。会談後の記者会見で、盧大統領は「ブッシュ大統領と人間関係ができた」とうれしそうだった。ブッシュ大統領も「会ってみると、話しやすい人だった」と印象を語った。

さらに盧大統領は会談後の晩餐会では「ブッシュ大統領と初めてお会いしましたが、古くからの友人のような気分になりました」というあいさつも用意していた。このあいさつは実際には言わなかったが、盧大統領がブッシュ大統領との関係改善にどれほど精力を注いだかがよくわかるエピソードだ。

初の首脳会談は成功したものの、韓国政府としては、盧大統領の訪問が「実務訪問」として扱われたことに悔《く》いが残った。

米国への要人訪問は、重要性が高い順に①国賓《こくひん》訪問、②公式訪問、③公式実務訪問、④実務訪問、⑤非公式訪問、となっている。訪問する相手によって、格付けするのだ。韓国政府は訪米の準備段階で、国賓訪問になるよう米国側に要請《ようせい》した。だが、当時、イラク戦争が進行中で、米国が「戦時体制」にあったことと、北朝鮮の核問題を実務的に協議したいという両国の意向があり、実務訪問になったという。

一方、小泉純一郎首相は同年五月二二、二三の両日、ブッシュ大統領の私邸であるテキサス州クロフォードに初めて招待された。私邸への招待は、親密度を示すもので、盧大統領との違いが一層はっきりした。

盧大統領は、六月六日からの日本訪問にさいしては「国賓」として迎えられ、天皇皇后両陛下《へいか》と会見した。これは、韓国と日本の親密度を表したものだった。

熱狂のW杯、その後

二〇〇二年五月三一日、世界最大の祭典、サッカー・ワールドカップ(W杯)の第一七回日韓大会が、ソウルで開幕した。W杯のアジア開催も、二カ国共催も初めてだった。約一ヵ月にわたって、三二チームが日韓の二〇都市で熱戦をくりひろげた。

韓国にとってW杯は、一九八八年のソウル五輪以来の国家的イベントだった。八八年当時の韓国の一人当たりの国民総所得は約四三〇〇ドルだった。それが、W杯開催時には二倍以上の一万ドルをこえた。W杯の日韓共同開催で、韓国は日本と肩を並べたという自信をもった。また、若者を中心にした日韓の応援団が、両国を行ったり来たりし、交流がひろがった。交流によって、たがいを知ることになり、信頼感も生まれた。これが、W杯の最大の成果だったといえる。

韓国の新聞「東亜日報」の世論調査によると、W杯直後の二〇〇二年七月、韓国人に今後の日韓関係について聞いたところ、「もっとよい方向に進んでいく」と答えたものが七九%にも達した。W杯一年後の二〇〇三年六月に同じ質問をしたところ「もっとよい方向に進んでいく」の回答は五九%に落ちていた。W杯直後は、韓国が史上初めてベスト4入りし、日本への優越感もあったため、約八割が日本への好感を示したと分析できる。それにしても、W杯の一年後でも約六割が日韓関係の将来に明るい展望をもっているということは、W杯が果たした役割を改めて印象づけるものだ。

一方で、熱狂のW杯が終わった後、スタジアムの活用に日韓両国は頭を悩ませている。韓国の場合、一〇カ所のW杯用スタジアムのうち、七カ所がサッカー専用なので、他のスポーツで利用するのが難しい。

そうしたなかで、ソウルのワールドカップ・スタジアムの一部は、ショッピング街に生まれ変わった。観客席の下にある空間を利用したものだ。そこにはレストラン、大型の量販店、映画館、結婚式場まである。夏にはプールやアスレチック・クラブもオープンする。

スタジアムの一部がショピング街に生まれ変わっても、ワールドカップ大会は、日韓の「友情のあかし」として、両国の若者たちの記憶に残るだろう。

中　国

胡錦濤は巨龍をどう変えるか

上村幸治

北京西駅で乗客にSARSの検査をおこなう医療担当の職員.

【国名】 中華人民共和国
【面積】 約960万平方キロメートル
【人口】 12億7627万人(2001年，香港・マカオをのぞく)
【首都】 北京
【住民構成】 漢民族(約92%)と55の少数民族
【宗教】 仏教，キリスト教，イスラム教，チベット仏教など
(宗教の自由は，実質的には制限されている)
【国内総生産】 1兆1590億ドル(2001年)
【1人当たり国民総所得】 890ドル(同)

SARS　硝煙のない戦争

二〇〇二年一一月、中国南部の広東省《カントン》仏山市《ふつざん》で謎《なぞ》の肺炎が報告された。三八度以上の発熱と激しいせきをともなう病気で、初期の症状はカゼに似ていた。しかし、しだいに悪化して呼吸困難におちいり、人によっては死に至ることもわかった。

新型肺炎「重症急性呼吸器症候群《じゅうしょうきゅうせいこきゅうきしょうこうぐん》」(SARS《サーズ》)と呼ばれるこの病気は、翌年三月には香港《ホンコン》、ベトナム、台湾、インドネシア、フィリピン、カナダへとひろがっていった。病原菌《びょうげんきん》の正体がはっきりせず、有効な薬が見つからないこともあり、世界中を恐怖におとしいれた。

世界保健機関(WHO)の専門家が、さっそく本格的な調査にのりだした。しかし、中国政府は具体的な情報を示さなかったり、広東省の現地調査を認めようとせず、逆に「病気の発生はもう抑《おさ》え込んだ」と反論した。さらに被害が拡大し、WHOや世界中の国が批判の声をあげると、四月の中旬にようやく本格的な対策にのりだし、感染者がじつは発表した数の九倍近くになることを認めた。そしてその時にはすでに、中国全土が混乱状態におちいっていた。

たとえば、政府が情報を開示しないため、感染者が勝手に動きまわり、病気を拡散《かくさん》させていた。北京《ペキン》や広東省広州《こうしゅう》市のような大都市には、地方の農村から出稼《でかせ》ぎの労働者が来ていた。政府が動かないよう命じたが、彼らは病気を恐れていっせいに故郷にもどり、その数は全国で数百万人に達した。北京市では「街が封鎖《ふうさ》される」という情報が飛び交い、各地で住民が食料や生活用品の買いだめに走った。

湖南《こなん》省など内陸の貧しい農村地帯では、信じられないようなデマがひろがった。たとえば、生まれてたった二カ月の赤ん坊や、四〇年間口をきけなかった人が「緑豆《りょくとう》のスープを飲み、爆竹《ばくちく》を鳴らし、お祈りすれば感染しない」と宣告したという話が、まことしやかに伝えられた。

中国はかつて、医療費も教育費も無料だった。しかし、いまは有料になっており、土地によっては高い医療費をとる医者もいる。科学的な知識がなく、病院に行けない農民は、民間療法で治そうとしたり、デマに踊らされてしまった。おどろいた中国政府は、SARSの治療費を無料にすると通知した。

政府は同時に、各地で感染患者を徹底的に強制隔離《かくり》することにした。北京市内に、わずか一週間で隔離用の施設をつくった。都市部の会社、官庁、工場、自治組織は、発症者を見つけたらすぐ政府に通報することになった。農村は、村に通じる道路を封鎖し、外の車が入ってこられないような措置《そち》をとった。なかには勝手に「関所」をつくって、通行料をとる村もあらわれ、社会問題になった。

北京の王府井《ワンフーチン》といったにぎやかな繁華街《はんかがい》、商店街からは、人がほとんどいなくなった。空港、駅などの公共機関では、職員がそろってマスクをつけたり、医療用の防護服を着るようになった。映画館やバー、カラオケなど密閉された場所はすべて営業停止となり、北京のホテル、銀行、オフィスビルでは、出入りする人が発熱していないかを調べるため、必ず体温を測るようになった。

医師や看護師の中には、感染を恐れて病院から逃げ出す人も出た。その一方、職場に残って治療をつづけ、感染して殉職《じゅんしょく》するケースも相次いだ。

広東省中国医学医院の看護師長、葉欣《ようきん》さんは、SARS患者の看病のため、過労で腰を痛めながら、一日二～三時間しか寝ないで働きつづけた。三月四日の朝、家族に「疲れた」と言い、その日の午後に勤務先で倒れ、SARSに感染していることがわかった。三週間後に四六歳で死去し、あとには夫と二一歳の息子が残された。夫は葬儀のあと、「結婚して二二年になるが、いっしょに正月を家で過ごしたのは、最初の午だけだった。妻は正月も病院で働いていた」と回想した。

四月二〇日、インターネット上に彼女をしのぶホームページが公開されると、わずか三日で一〇〇万人がこのページを訪れ、一万五〇〇〇人が「その生き方に感動した」という内容のメールを寄せた。

他の看護師たちも、家族に「この仕事についた以上、患者に奉仕しなければならないのです」「命の危険にさらされる患者がいるあいだは、病院から離れることはできません」といった遺言《ゆいごん》を残した。政府はこうした医療従事者を「白衣の天使」と讃《たた》える運動を始めた。

たとえば中国では、従来から道路にタンなどを平気で吐く人の姿が目立った。バスの女性車掌《しゃしょう》、李素麗《りそれい》さんは「男性がバスの中でタンを吐いたので注意したら、逆に大声で怒鳴《どな》られた。泣きながらタンをぬぐい取りました」と話した。李さんは、その献身的な働きぶりが有名になり、政府から「模範車掌」の称号をもらったが、それでも乗客にタンを吐く習慣をやめさせることはできないと言った。

ところが、SARS騒ぎを契機《けいき》に、公衆道徳の重要性を訴える運動がいっきょに盛り上がった。新聞やテレビが、道路にタンを吐いたり、ゴミを放置する不潔な生活習慣を変えようと呼びかけ、タンを吐いたら罰金《ばっきん》を取ると決める地方政府も出てきた。

中国政府はSARS対策を「硝煙《しょうえん》のない戦争」と呼び、国民全体を巻きこんだ運動に発展させていった。そして六月になるとようやく感染者の数が減り、街は落ち着きをとりもどした。

情報隠しと胡新政権の対応

中国の国家元首は胡錦濤《こきんとう》国家主席で、温家宝《おんかほう》首相とともに、二〇〇三年の三月に新政権をスタートさせたばかりだった。二人は、SARS対策の初期の取り組みに問題があったことを認め、責任者の張文康《ちょうぶんこう》衛生相と孟学農《もうがくのう》北京市長を解任した。事件の責任をとって高級幹部を辞任させるということは、中国ではあまり例のないことだった。

胡錦濤主席はまた、SARSが蔓延《まんえん》する広東省の医療施設を、マスクもつけずに視察した。指導者が危険をかえりみずに、先頭に立って対策に取り組んでいることを自ら示そうとした。これまでの指導者とちがい、現場で住民に気さくに話しかけるスタイルをとり、「親民路線」と呼ばれるようになった。

WHOへの遅ればせながらの協力に加え、フランスで開かれた主要国首脳会議（エビアン・サミット）にも初めて参加するなど、国際協調を重視する姿勢をはっきり示した。胡錦

2003年3月15日，全国人民代表大会(全人代)において新しい国家主席にえらばれた胡錦濤(右)と前国家主席江沢民(ロイター・サン提供).

濤主席はこうしてSARS騒ぎを乗り切り、国民の支持を勝ちとっていった。

それにしても、中国政府はなぜ当初、SARS感染者に関する情報を隠したのだろうか。胡錦濤主席ら指導部に問題があったのだろうか、それとも解任された衛生相や北京市長が勝手にそうしたのだろうか。

じつは、今回のSARS騒ぎで解任されたのは、この二人の幹部だけではなかった。中国の雑誌「瞭望《りょうぼう》」は、SARSへの対応の遅れ、報告の遅れなどを理由に全国で五〇〇〇人以上の幹部が免職《めんしょく》などの処分を受けたと伝えている。ここから、一人や二人の指導者でなく、中国の政治体制そのものの中に、情報隠しを生む原因があることがうかがえる。

日本をふくむ民主主義国家では、自由な選挙、言論・報道の自由を認めている。国会議員は選挙で選ばれ、国家指導者も直接選挙や国会議員によって選ばれる。与党に対抗する野党をつくることも可能だ。政府のＳＡＲＳ対策が間違っていたり、情報を隠したら、野党が責任を追及するし、新聞もこれを批判することができる。そうすることで、政策の是非《ぜひ》を国民が判断できる仕組みになっている。

しかし中国は共産党の一党独裁体制をとっている。三権分立でないから、裁判官も検察官もみんな党の指示に従わねばならない。民主諸党派という野党に似た存在があるが、共産党に対抗する力も権限もない。新聞やテレビは党と政府の宣伝機関と定められ、自由な報道はできない。

当然ながら、党はすべての情報を管理し、批判を招きかねない情報、都合《つごう》の悪い情報を隠そうとする。現場でＳＡＲＳ対策に取り組む人たちも、よけいな報告を上にあげると逆に責任をとらされることになりかねない。だから報告をおこたったり、嘘《うそ》の報告をすることになる。なかでも共産党政権の樹立に決定的な役割を果たした人民解放軍は、国内で特別扱いされており、党や行政の指導を無視する傾向があると指摘されてきた。今回も軍の医療機関が政府に感染状況を報告しなかったと報じられた。そうしたことが積み重なって、情報が伝わらなかったようだ。

その結果として、ＳＡＲＳは世界中にひろがり、中国を混乱させた。ＷＨＯから「初期の段階で中国の情報開示は不十分だったし、時期も逸《いっ》した。それがＳＡＲＳに対する国際的な取り組みを遅らせる原因になった」と指弾《しだん》されることになったのである。

もちろん中国の人だって、そういう現状に満足しているわけではない。ＳＡＲＳ騒ぎが起きるはるか前に、こうした状況を変えようという声が出ていた。それを中国では政治改革（民主化）と呼んでいる。

天安門事件の悲劇

中国では政府の行政機構の中に党の組織があり、党の幹部が行政の幹部も兼《か》ねている。彼らは人事を決める権限や、国や地方政府の予算を決めたり、さまざまな事業を許可する権限をもつ。ところが、その行動をチェックする機関がないから、彼らがその権限を使って金もうけをしたり、企業から賄賂《わいろ》を取るといったことが起きやすくなる。

民主化を進めるということは、情報を公開して政治の透明度を高めたり、政府に対する監視を強化することを意味する。言論の自由を認めるということは、党の幹部を批判できるということになる。それは既得権益《きとくけんえき》にしがみつく党の幹部にとって、必ずしも喜ばしい話ではないようだ。

一九八〇年代に共産党トップの総書記を務めた胡耀邦《こようほう》氏は、在任中に政治改革を主張し、八六年に学生が民主化を求めるデモを起こした時もこれを容認した。しかし、長老たちは、そうした姿勢が共産党の権力を揺るがしかねないと考え、胡耀邦氏を辞任に追い込んだ。

一九八九年四月、その胡耀邦氏が心臓病で失意のうちに死去した。学生が胡氏を追悼《ついとう》するために北京・天安門《てんあんもん》広場に集まり、民主化を求めるデモを始めた。当時、物価がどんどん上がっていたが、その方で私腹《しふく》を肥やす指導者、幹部の汚職があとをたたず、しかも放置されていた。一般市民もこれには激しい怒りを感じ、やはり民主化が不可欠だと考えるようになった。デモにはこうした市民も加わるようになり、ついには参加者が一〇〇万人をこえる空前の規模にふくれあがった。

中国指導部の中では、改革派といわれる趙紫陽《ちょうしよう》総書記(当時)が学生たちの主張に理解を示した。しかし、保守派と呼ばれた李鵬《りほう》首相(同)は「学生デモの矛先《ほこさき》は鄧小平《とうしょうへい》氏に向いている」と指摘し、弾圧するよう主張した。その結果、指導部内が真っ二つに割れる異常な事態になった。

1989年6月3日から4日にかけ，天安門広場を占拠した学生を軍が武力で排除，多数の死傷者が出た．この写真は現場にいた中国人学生が撮影，フィルムを託された外国人が香港に運び出し，世界に公表された(ロイター・サン提供)．

当時の最高指導者は、鄧小平・中央軍事委員会主席だった。党トップの総書記ではなかったが、党内での経歴や発言力などから、実質的な最高指導者とあおがれていた。鄧小平氏は、学生運動を放置すると中国全体が混乱すると考え、人民解放軍を使って鎮圧することを決めた。趙紫陽総書記は失脚し、北京市には戒厳令《かいげんれい》が施行された。そして六月三日から四日未明にかけ、戦車と兵士が市の中心部、学生運動指導者の陣取《じんど》る天安門広場にむけて進軍した。

広場にむかう途中、兵士は長安街《ちょうあんがい》という大通りを埋める学生や市民を排除しようとし、発砲をくりかえした。激しい銃声が響き、Tシャツ姿の若い学生が何人も倒れた。

武器をもたない市民が、完全武装した兵士に殺されていく残酷なようすは、北京にいた外国のテレビや新聞によって世界に伝えられた。フランスのミッテラン大統領(当時)は「自由の名のもとに立ち上がった若者に発砲する政府に未来はない」と批判し、中国はそれからしばらく、国際社会の中で孤立を強いられることになった。

改革・開放のうねり

鄧小平氏は早い時期から、社会主義体制の中でも一定の自由な経済活動を認めるべきだと主張してきた。彼の好きな「黒い猫でも白い猫でも、ネズミを捕る猫は良い猫だ」(黒猫白猫論)という言葉が、それを象徴的に示していた。しかしそのために、鄧小平氏は他の党指導者から「走資派《そうしは》(資本主義の道を歩む者)」と指弾《しだん》され、三度も失脚した。それでもそのたびに復活を果たし、一九七八年にようやく政治の主導権を握ることに成功した。彼はすぐに改革・開放政策を始めて、中国を大きく変化させていった。

それまでの中国は、かつてのソ連と同様、計画経済をつづけていた。国が経済活動の方針をすべて決め、個人の裁量《さいりょう》による商売や企業経営、自由に農作物をつくって売ることを認めなかった。これに対し改革・開放政策は、経済活動を段階的に自由化させ、海外との交流も進めようというものだった。鄧小平氏はその一方で、八〇年当時には、政治改革の重要性も指摘していた。経済だけでなく、政治も改革しなければ近代化は成功しないと考えていた。しかし、それが他の長老の反発を招き、国内を混乱させかねないとわかると、もう口にしなくなった。

鄧小平氏は天安門事件を弾圧した後も、経済改革だけはつづけたいと考えていた。しかし、保守派勢力や他の長老は、経済改革もまた社会を混乱させると考え、抵抗をつづけた。その結果、天安門事件からしばらくのあいだ、中国経済は足踏み状態にあった。

鄧小平氏はそれでもあきらめず、三年後の九二年に南部地方を巡回し、改革・開放政策を加速するよう訴えてまわった。鄧小平氏の呼びかけは広範な幹部の支持を集め、中国は再び改革・開放政策を促進させることになった。党指導部はこの年、市場経済を導入することを決めた。

すぐに、北京や上海《シャンハイ》の大通りに化粧品を宣伝する大きな看板が並び、有名女優がほほえむ写真がはりだされるようになった。街では高層ビルの建設ラッシュが始まり、百貨店には欧米製の高級な背広や靴《くつ》やドレスが並ぶようになった。ひと昔前までは、大通りを埋める自転車が中国を代表する光景だったのに、乗用車にとって替わられるようになった。市民はテレビや冷蔵庫、洗濯機にあこがれ、現実にこれを手に入れるようになった。四川省成都《しせんせいと》で安いカラーテレビが売り出されると、三日前から長い行列ができる騒ぎになった。

商売や企業経営で成功し、金を稼《かせ》げる人間ばかりがもてはやされる風潮《ふうちょう》も出てきた。行きすぎた拝金《はいきん》主義が目立つようになり、外国製の高級乗用車に乗る人、別荘を買いあさる人たちも出てきた。お札に火をつけて金持ち自慢をする人まであらわれた。

その一方、市場経済に対応できなくて破産する企業も出て、失業者が急増した。従業員の多い国有企業は競争に耐えられなくなり、労働者を自宅で待機させるレイオフ(一時帰休)を導入するようになった。

農村の多くが経済発展からとり残され、農民が次々と都市に出稼ぎに出るようになり、その数は八〇〇〇万人をこえるようになった。豊かな沿海の工業地帯と貧しい内陸農村地帯の間の格差、個人間の貧富の差がどんどんひろがり始めた。いたるところに物乞《ものご》い、それも子どもの物乞いの姿が目立つようになった。女子学生が「授業料を払えません。お金をめぐんでください」と書いた札を胸にかけて街を歩き、新聞に報じられたりした。

その間も、党や政府の幹部の腐敗、汚職はひどくなっていった。街では、警察官や税務署の職員が、レストランなどを訪れては金をたかり、ただで飲み食いをしてまわる姿が見られるようになった。いつのまにか、また天安門事件の前と似た社会状況になってきた。

そうしたさなか、一九九七年二月に、鄧小平氏は死去した。同年七月、中国は英国に植民地として奪われていた香港《ホンコン》を約一五〇年ぶりに回収した。鄧小平氏が英国との返還交渉でまとめた約束が、鄧氏の死去の後に実現したのである。中国はアヘン戦争以来、欧米列強《おうべいれっきょう》に国土を奪われ、凄惨《せいさん》な近代史を経験してきたが、その恥辱《ちじょく》の歴史にようやくピリオドを打つことができた。これは中国人に歴史というものを強く意識させる契機にもなった。

当時の共産党総書記、国家主席は江沢民《こうたくみん》氏だった。江沢民氏は鄧小平路線を継承し、経済成長をめざした。しかし彼も、政治改革には手をつけなかった。もともと、保守派長老に推《すい》薦《せん》されて指導者になった人物で、それほど政治改革に熱心ではなかった。

これに対し、後任の指導者、胡錦濤国家主席と温家宝首相は、過去にも政治改革に理解を示してきた。二人とも、政治改革に熱心な胡耀邦氏に目をかけられ、育てられた人物ということもある。SARS騒ぎで浮上した情報隠しや、幹部の汚職を防ぐためにも、いよいよこのテーマに取り組むことになりそうだ。

日本と中国の相互理解

胡錦濤主席はまた、対日関係でも江沢民時代とちがい、積極的に交流する姿勢を示し始めている。二〇〇三年五月にはロシアのサンクトペテルブルクで小泉純一郎首相と首脳会談をおこない、未来志向で両国関係を改善しようと呼びかけた。

江沢民氏は日中戦争のさなかに、上海で学生時代をすごした。日本軍に抵抗する抗日運動の活動家の一人だった。その当時、日本の憲兵隊《けんぺいたい》の犬に追われたこともあるという。中国には、いまも江沢民氏と同じような経験をもつ人、日本軍に家族を殺された人がたくさんいる。そして、そうした過去の歴史を学校でも若い世代に教えている。

彼らは、日本の一部の人たちが、過去の中国侵略という歴史を、日本に都合のいいように書き換えようとしているのではないか、と疑うようになってきた。そして日本の首相、閣僚が靖国《やすくに》神社を参拝することを、とりわけ強く警戒している。靖国神社が、第二次世界大戦のさいのA級戦犯《せんぱん》を合祀《ごうし》しているからだという。

江沢民氏は一九九八年に国家主席として日本を公式訪問し、歴史認識問題をくりかえし取り上げた。当時の小渕恵三《おぶちけいぞう》首相に対し、過去の中国侵略をあらためて謝罪し、文書にするよう要求した。しかし小渕首相が文書化を拒否し、二人は激しく対立したまま物別れになった。それ以来、日本と中国の間ではずっとぎくしゃくした関係がつづいている。そして江沢民氏はいまも、軍を指導する中央軍事委員会主席として、指導部の一角を占めている。

一九七二年に日中共同声明で両国が関係を正常化して以来、日本の世論は中国に好意的だった。パンダやシルクロードが人気を集め、何度も中国ブームが起きた。日本のテレビドラマ「おしん」や人気映画が中国に紹介され、中国の人も戦時中とちがう日本人を知ることができるようになった。

しかし交流が増え、人や物の往来《おうらい》が過去にない規模にふくれあがると、おたがいに不愉快《ふゆかい》な部分も目につくようになってきた。日本人は、天安門事件での市民の惨状、中国軍による核実験、日本へ密航《みっこう》してくる中国人や、そうした人たちによる窃盗《せっとう》・強盗といった犯罪にショックを受けている。

一方の中国では、経済成長で自信を強めた若い世代を中心に、愛国主義、ナショナリズムが目立つようになり、歴史に対する関心も高まってきた。その結果、隣国どうしでありながら、双方が感情的な対応をとる傾向も目につくようになってきた。

安定した良好な関係を築くために、日中の指導者はもちろんのこと、国民レベルでも相互理解を深めることがますます必要になっている。

東ティモール

新生国家，自立への模索

岩崎日出雄

みかん売りの男性(ディリ市内で)

東ティモール民主共和国
【面積】 1万4609平方キロメートル
【人口】 約88万4000人(2001年)
【首都】 ディリ
【住民構成】 テトゥン族などメラネシア系が大半
【宗教】 キリスト教(大半がカトリック)約99%，イスラム教約1%
【国内総生産】 3億8000万ドル(2001年)
【1人当たり国内総生産】 478ドル(同)

独立までの経過と近況

東ティモール民主共和国は二〇〇二年五月二〇日、インドネシアから独立した。二十一世紀になって最初にできた国家だ。首都ディリは海に面した都市で、町はずれには美しい海がひろがる。

オーストラリアの北に位置するティモール島の東半分が領土で、長野県ほどの大きさだ。ポルトガルによる植民地支配、インドネシアによる武力併合《へいごう》の道を歩んできた。ポルトガルのキリスト教宣教師《せんきょうし》がティモール島を訪れたのが一五一〇年代。以降、ポルトガルがティモール島を支配したが、一六一三年にはオランダもティモール島に侵攻《しんこう》した。一八五九年、両国はリスボン条約を結び、島の東半分(東ティモール)をポルトガル領、西半分(西ティモール)をオランダ領と決めた。第二次世界大戦中の三年半は、ティモール島全域を日本が占領した。

戦後、西ティモールについてはオランダが一九四九年にインドネシア独立を認めて領有権を放棄《ほうき》し、インドネシアの領土に組み込まれた。しかし、東ティモールは再びポルトガルが

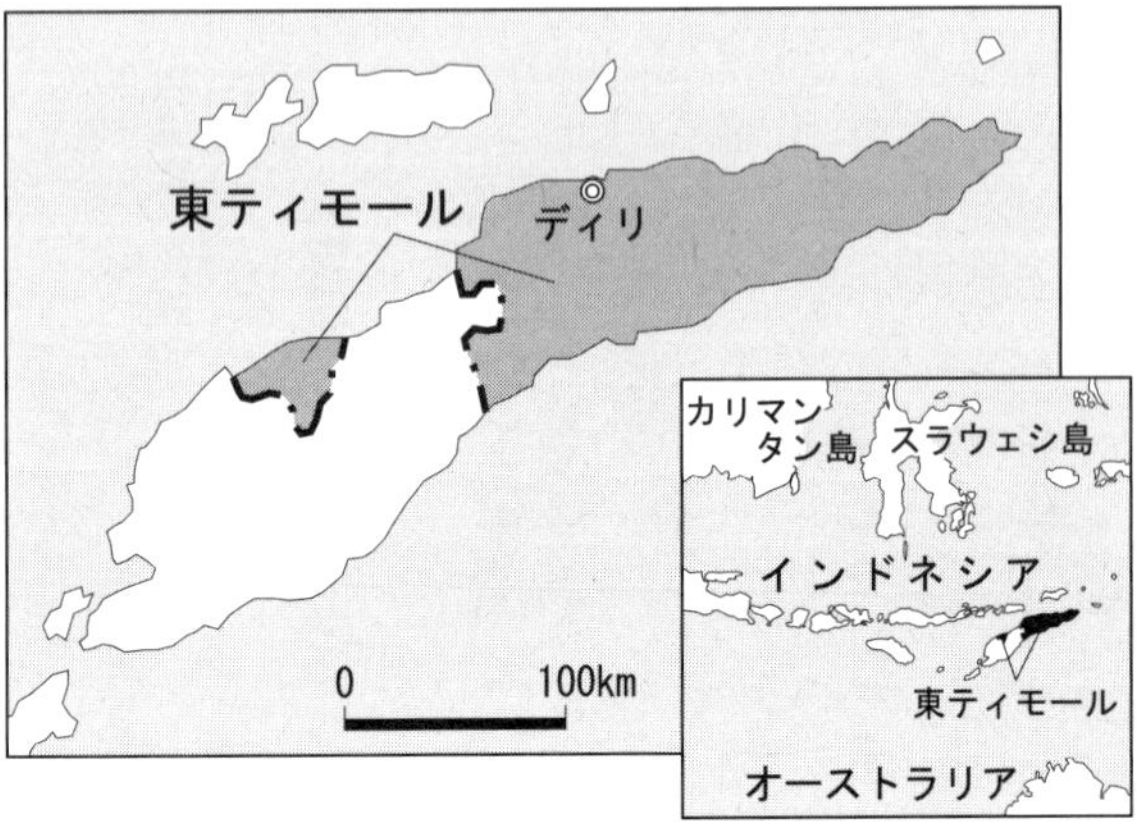

占領した。

その後、東ティモールの最初の転機《てんき》は一九七四年に訪れた。ポルトガルに植民地主義を否定する社会主義政権が誕生し、東ティモールをふくむポルトガル植民地への主権を放棄したのだ。しかし、七五年一二月に今度はインドネシアが軍事侵攻し、七六年七月にスハルト・インドネシア大統領が東ティモールの併合を宣言した。

現在の東ティモール政府の与党フレテリン（東ティモール独立革命戦線）が結成されたのは一九七四年、翌七五年には「東ティモール民主共和国」の独立を宣言した。シャナナ・グスマン現大統領らが中心となって展開したインドネシア軍に対するゲリラ戦や、マリ・アルカティリ現首相らを中心とする国際社会へのアピール活動を通じて、独立運動をつづけてきた。ポルトガルが七四年に主権を放棄してから九九年の国連統治までのあいだに、紛争や戦闘で犠牲《ぎせい》になった住民は約二〇万人ともいわれる。

独立への転機は一九九〇年代に訪れた。九一年、ディリ市内のサンタクルス墓地でインドネシア国軍が発砲《はっぽう》し、住民多数が亡くなった「サンタクルス事件」で、インドネシアの東ティモール併合に対する国際世論の批判が急速に高まった。さらに、東ティモールの独立運動をになっていたベロ司教やフレテリンのラモス・ホルタ氏が一九九六年にノーベル平和賞を受賞し、国際社会による東ティモール独立支援の流れを加速させた。

こうした流れにくわえ、一九九八年には、軍隊への強い影響力を背景に三二年間の長期独裁政権を維持したインドネシアのスハルト大統領が経済問題をきっかけに失脚《しっきゃく》、辞任(同年五月)して、情勢が急展開。次のハビビ大統領は、独立の是非《ぜひ》を問う住民投票をおこなう方針を決定。九九年八月三〇日、国連の管理下で住民投票が実施された。結果は独立派が七八・五％の得票で圧勝《あっしょう》したが、この住民投票の前後から、インドネシア軍・警察を後ろだてにした併合維持派民兵(軍隊や警察の援助を受けた民間人による武装勢力)による独立派住民への襲撃(発砲、殺害、強盗、放火、レイプなど)がくりかえされた。これは「99年騒乱《そうらん》」と呼ばれ、たくさんの住宅や公共建物が放火されたり、多数の民間人の犠牲者が出た。

見かねた国連が多国籍軍を結成して騒乱を鎮圧。同年一〇月、国連東ティモール暫定《ざんてい》行政機構(UNTAET)設立が決議され、国連暫定統治が始まり、住民投票結果に基づく独立への準備が進められた。独立後はUNTAETにかわって、より規模の小さい国連東ティモール支援団(UNMISET)が誕生し、東ティモールの基盤づくりに協力している。UNMISETには文民部門、文民警察部門、軍事部門があり、治安維持も担当している。しかし、段階的に規模を縮小しており、二〇〇四年五月に全面撤退《てったい》する予定だ。撤退後の東ティモールの治安が懸念《けねん》されている。

最貧国の暮らし

人口約八〇万人の小国《しょうこく》が独立・自立するために、国際社会は数十億ドルの援助をつぎこんできた。しかし、独立後、国際社会の関心は急速にうすれ、支援が減少している。このため、東ティモールは世界で最も貧しい国(最貧国)の一つとして、きびしい現実に直面している。

二〇〇三年五月、独立後一周年を迎えた東ティモールの首都ディリでは、灼熱《しゃくねつ》の太陽のもと、両端にみかんなどを吊《つる》した棒を肩にかつぎ、ビーチサンダルで歩く物売りの男性の姿があちこちに見られた。小さな子どもも同じように物を売り歩いている。一日売り歩いても数

平日の昼間，ガジュマルの木の下でトランプ遊びをする失業者ら(ディリ市内で).

ドルの売り上げにしかならない。

公園では、ガジュマルの大木の下で、平日の昼間から数人の男性グループが何組もトランプ遊びに興じていた。この男性らには定職がない。失業率は五〇%との見方もある。二〇〇二年五月のUNTAET撤退で、国連関係機関に雇用《こよう》されていた地元住民らの職が激減し、失業を加速させた。

高校三年生のサト・ニノ・バーボさんは「外国人がたくさん入ってきたため物価上昇が激しく、たとえば、ガソリンの値段はここ数年で七倍になった。そのため生活が苦しくなり、教科書も買ってもらえなくなった。本当は大学に進学したいけど、家計の事情で断念した」と話す。

野菜や雑貨を売る首都ディリ市内の市場.

路面に敷いたビニールシートや簡易屋台《かんいやたい》に野菜や雑貨を並べたディリ市内の露天《ろてん》市場。約一〇〇メートルにわたって通りの両側に七〇〜八〇軒がひしめくが、住民の購買力《こうばいりょく》が低いため客は少ない。中央銀行がまだなく、貨《か》幣《へい》は米ドルが使われている。変色しボロボロになった一ドル札が大量に出まわっている。

貨幣にドル札が使われているのは国連暫定統治時代のなごりで、インドネシアによる強制統治(占領)時代はインドネシア・ルピアが使用されていた。その後、国連統治時代に国連関係者をはじめとする大量の外国人が流入し、購買力を発揮したため、物価がつり上がった。国連関係者の撤退が進む昨今、物価は下がりつつあるが、インドネシア統治時代にくらべるとまだずっと高い。こんなエピソードがある。――二〇〇三年六月、東ティモールのアルカティリ首相ら要人一行がインドネシア政府と会合をもつため、同国の首都ジャカルタを訪れた。会合がすむと、東ティモール政府の随行員《ずいこういん》らはショッピングセンターを歩きまわって化粧品《けしょう》や日用品を多数、買い集めた。東ティモールとくらべて値段がずっと安かったからだ。

また、一ドルは約八一四〇ルピア(二〇〇三年五月の平均交換レート)であり、物価を安く保つためには、ルピアのように単位当たりの通貨価値が低い貨幣の方が適している。低い水準で値段を小きざみに設定できるからだ。たとえば、ドルが流通している国でお菓子の値段を設定する場合、一番安い菓子を一ドルとすると、次に安い菓子は一ドル二五セントとなる場合が多い(一ドル＝一〇〇セント。一〇セント硬貨《こうか》はあまり出まわっていない)。これに対し、ルピアのような比較的価値の低い貨幣を使うと、一〇〇ルピア(〇・〇一二ドル)単位で値段の設定をするのが一般的だ。つまり、単位当たりの価値が低い通貨を使った方が値段を小きざみにつけられるので、値段を上げる場合でも小さな引き上げですませることができる。このため、東ティモール政府も独自の硬貨を二〇〇三年中に導入することをめざしている。ただし、硬貨を鋳造《ちゅうぞう》する設備や技術はまだないため、製造はポルトガルに委託《いたく》する。それに、独自紙幣の発行はまだ先だ。

ディリ市内の雑貨店には、インドネシア製の石けんや菓子、文具などがたくさん並んでいた。工業製品のほとんどはインドネシアから輸入されているという。東ティモールには工業がまだほとんど発達していないからだ。中国製の傘《かさ》なども売られている。女性店主、三〇歳のドミンガ・スワレジさんに一カ月の利益を聞くと、「三〇〇ドル。それだけで、親戚《しんせき》をふくむ一五人家族を養っている。肉は高いので、野菜しか食べない。同居している男性五人には職がない」と答えた。露店で野菜を売っていた五〇歳のアグスティナ・ダシルファさんの場合は「一カ月の利益は三ドル」。「一日三ドル？」と聞き返したら、隣の店の女性がすかさず「一カ月！」と念押しした。家族が農業を営み、あとは自給自足で生活しているという。常夏《とこなつ》で土地も豊かな東ティモールでは一年中作物の収穫がある。多くの国民は庭で野菜を育てるなどして自給し、生活の足しにしている。

現地で活動するNGOメンバーによると、警察官の初任給が八〇〜九〇ドルで、それだけでは生活できないので、副業をもつことが多いという。

国連関係者を中心とする外国人の大量入国でにぎわっていた外国人向けのホテルやレストランも苦境に立たされている。国際機関の段階的引《ひ》き揚《あ》げによって閑古鳥《かんこどり》が鳴き、一時は一泊一〇〇ドル前後だった簡易ホテルも約半額になった。

独立後の低迷する経済状況を背景に二〇〇二年一二月、ディリ市で数百人による暴動が起こり、アルカティリ首相邸や外資系スーパーマーケットが放火された。旧インドネシア併合維持派民兵の関与を指摘する声もあるが、暴動に参加した数百人のうちのほとんどは暮らしに不満をもつ地元住民だ。シャナナ・グスマン大統領は「失業など社会問題に対する人々の不満が暴動の原因だ。ただ、政府が人々の不満を解消するには時間がかかる」と話している。

海底油田、投資の夢

東ティモールはオーストラリアと共同で海底油田《ゆでん》の開発を進めている。二〇〇五年から石油・ガスの採取が見込まれており、この収入だけで国家財政を十分にまかなえる見通しだ。しかし、海底油田の採取寿命《さいしゅじゅみょう》は二〇～三〇年と予測されており、永続しない。また、石油・ガス産業だけでは雇用も限られており、現在の失業者を吸収しきれない。そこで、他の分野の産業育成を急ぐ必要がある。

東ティモール政府の閣僚《かくりょう》の一人は、「欧州連合(EU)加盟国への非関税輸出《ひかんぜいゆしゅつ》に魅力を感じて外国企業の投資が集まる」と説明する。二〇〇三年五月、アルカティリ首相がベルギーを訪れ、ＥＵが、ＥＵ加盟国にかつて植民地支配されていた国々(旧植民地諸国)に非関税輸出特権を与える条約に署名《しょめい》したことが前提にある。東ティモール政府は「この条約により、東ティモール国内で工場を操業《そうぎょう》すれば、そこで製造した製品をＥＵ諸国に非関税で輸出できる。これは現在、東南アジアで我が国だけだ。中国や台湾の投資家がすでに関心をもっており、今後二、三年間で数億ドルの投資が集まるだろう」と説明し、外国からの投資で繊維《せんい》や電子機器、靴《くつ》などの工場が建つことを期待している。

ただ、専門家の間には、「夢はいろいろ描けるが、労働コスト(労働者の賃金)がインドネシアの二倍以上もするなど、投資環境は非常に悪い。産業育成には、農業振興《しんこう》が最も現実的だろう」というきびしい指摘もある。労働コストについては、東ティモール政府は「国際機関スタッフの大量滞在で物価が上昇し、労働賃金もつられて上がったが、物価も労働賃金もそのうち自然に下がる」と楽観的だ。しかし、外国からの投資については今のところ懐疑《かいぎ》的な意見が多い。「人件費の安い中国などで途中まで製造した製品(半製品)を東ティモールに持ち込み、せいぜい、『メイド・イン・東ティモール』のラベルを貼《は》ったり縫《ぬ》いつけたりする作業だけを東ティモールでおこなうのが関の山ではないか」という声がよくきかれる。

そこで、外資にたよらない独自の産業育成も望まれる。東ティモール政府の要人は、マグロ漁業や観光業、農業などを候補にあげている。日本政府はコーヒー栽培などの農業の将来性に期待し、農業支援を中心に援助をおこなっている。また、ディリ大学のルーカス・ダ・コスタ学長(経済学)は「今は、石けんや食用油、インスタントめんなど身近なもののすべてをインドネシアからの輸入にたよっているが、少しは自前でつくるべきだ。基礎技術を外国から学び、食品加工業を中心に簡単な加工業をまず育成すべきだ」と話している。

しかし、産業育成には大きな難問がある。人材不足という問題だ。東ティモールでは、「行政や企業、農業、教育などあらゆる分野で実務家、つまり中間管理職を中心とする指導者層が不足している。中間管理職の人材育成が急務だ」といわれる。ポルトガルによる植民地時代は、ポルトガルが東ティモールから物資を搾取《さくしゅ》するだけで人材育成や産業基盤の整備をせず、インドネシアの強制統治時代も、行政や経済、教育などあらゆる分野で中間管理職をインドネシアのジャワ島からの人材が独占していた。国連統治に移ってからジャワ島出身の人材はインドネシアにもどったものの、代わりの人材を十分に育成することはできなかった。「東ティモール国民は、これまで、外部からの人材に指導されることに慣れており、自立できていない。依存体質がしみついている」というきびしい指摘がある。

東ティモールの人材不足を示す顕著《けんちょ》な例がある。日本の援助で、それまで壊れていたディリ市内の発電所を復旧させたが、料金徴収《ちょうしゅう》がうまくいかなかった。インドネシア時代よりも料金が高騰《こうとう》したことも背景にあるが、徴収を指揮・管理できる人材が少ないことも大きな原因だった。政府はそこで、電力事業を二〇〇二年一二月、期間限定でノルウェーの電力会社に委託した。すると、「二〇〇二年一二月には約一〇万ドルだった料金徴収額が〇三年三月には六〇万ドルにまで増えた」(オヴィディオ・アマラル公共事業相)という。

インドネシア時代は教育水準も低くおさえられていたといわれ、人材不足の原因になっている。ディリ市で高校生らにきくと、いずれも、「お金がないから無理だけど、本当はジャワ島の大学に進みたい。レベルがずっと高いから。東ティモールの高校生のほとんどがそう思っている」と答えた。政府も問題を認識し、教育関係に予算の三割以上をあてている。成果が出るのは数年先からだ。

未解決の不満

東ティモールのあちこちに、破壊されたり放火された家屋《かおく》が残っている。さきに述べた「99年騒乱」と呼ばれる一連の暴力・破壊事件の痕跡《こんせき》だ。

独立かインドネシアへの併合維持かを問う住民投票を四日後にひかえた一九九九年八月二

六日、ディリ市で、併合維持派民兵が独立派住民を襲撃した。当時二五歳だったジャーナリストのジョニー・グテレスさんは、民兵に加担《かたん》する警察に路上で取材を申し入れていた。すると、警察官の一人が怒り出し、グテレスさんを足蹴《あしげ》にした。グテレスさんはサンダルを脱いで手にもちかえ、あわてて逃げようとしたが、背後から撃《う》たれ、銃弾《じゅうだん》が首を貫通した。グテレスさんは路上に横たわり、大量の血が流れた。即死だった。

同年春から、軍・警官・民兵による暴力が目立ち始めた。投票は独立派が七八・五％で圧勝したが、その後、暴力はさらに激化し、千人以上が死亡したという。この「99年騒乱」の加害者である軍人や警察官らに対し、インドネシア政府は二〇〇二年三月、特別法廷での人権裁判を始めた。しかし、起訴《きそ》対象が不十分で、判決も甘いと評されている。

グテレスさんのジャーナリスト仲間だったインドネシア人女性は、グテレスさん殺害を間近で目撃した。「撃った警察官の顔を覚えている。裁判が開かれたら証言する」と話す。しかし、その警察官は起訴されていない。グテレスさんの弟、ベルナルディノ・グテレスさんは、「インドネシアの人権裁判は国際的非難をかわすための形式的なものにすぎず、多くは期待できない。東ティモール政府は容疑者を独自に起訴してインドネシアに身柄《みがら》引き渡しを求めるか、国際法廷の設置を実現させるべきだ」と訴える。

東ティモールとの国交を担当している日本の外交官らも、「99年騒乱の加害者に対しきちんとした法的措置をとらないと、東ティモール国民は納得しない。元独立派住民と元民兵(親族をふくむ)の間のしこりも解消しない」と指摘する。政府は二〇〇三年四月、人権裁判で無罪になった者をふくめ一六人の容疑者を「人道に反する罪」で起訴した。この動きを今後どこまで継続・拡大するかが焦点だ。

元ゲリラ兵士の不満も不安材料だ。インドネシア時代に独立のためにゲリラ戦を展開したフレテリンの軍事部門「ファリンティル(東ティモール民族解放軍)」に七五年、一六歳で入隊したラバリック・マイアさんは、一九九九年に山を下り、今は農業をしている。本当は建設作業員になりたい。マイアさんらによると、約三万五〇〇〇人の仲間のうち、独立後、国軍に編入されたのは一〇%未満。大半が先祖伝来の土地を耕し、約八〇〇〇人が無職だという。低学歴が就職を困難にしている。マイアさんは「独立闘争中、ほら穴や草葉の陰で寝起きした。ヘビや野草も食べた。多くの仲間が死んだ。それなのにこの処遇《しょぐう》は何だ」と憤《いきどお》る。

マイアさんと仲間たちは言う。「アルカティリ首相はわれわれの苦労を理解していない。そもそも最近までアルカティリなんて名前は知らなかった。アルカティリ首相が率いる今のフレテリンは昔のフレテリンとはちがう。」元ゲリラ兵たちの処遇について、政府は予算不足を理由に有効な政策を打ち出せないでいる。

真の実力者アルカティリ首相

東ティモールは二〇〇二年五月に念願の独立を果たしたものの、一説に「失業率五〇％」といわれる経済低迷のなかで国民の不安と不満がうずまいている。前述(一四一ページ)の二〇〇二年一二月の暴動では、アルカティリ首相邸や国会議事堂も放火や投石の対象になった。これは、同国の政治に対する国民の不満を表している。

アルカティリ首相

対外的にはグスマン大統領が有名で、国の象徴的役割を果たしているが、実質的な最高権力者はアルカティリ首相だ。大統領には外交・安全保障に関する権限や首相の任命・罷《ひ》免《めん》権などがあるが、議会の承認が必要だ。そして、議会で最大勢力をもつフレテリン(東ティモール独立革命戦線)という政党を牛耳《ぎゅうじ》っているのがアルカティリ首相だ。かつて対インドネシア軍のゲリラ戦を指揮したグスマン大統領の国民のあいだでの人気は今も絶大だが、国政の決定権は首相に集中している。グスマン大統領は演説などで、政府(アルカティリ内閣)の姿勢について注文をつけることがあるが、それは「政府への希望」にすぎない。

アルカティィリ首相は一九四九年一一月、ディィリ市生まれ。二一歳の時に地下組織で独立運動を始めた。その後、アンゴラで測量技術を学び、東ティモールにもどって測量技師になった。ポルトガルが東ティモールへの主権を放棄した七四年、「ティモール社会民主連合」(ASDT)の設立に加わり、同党が同年九月、現在の与党「東ティモール独立革命戦線」(フレテリン)になった。フレテリンの設立メンバーだった首相は外交活動を担当した。七五年、独立運動を鎮圧するためインドネシア軍が侵攻し、フレテリンは軍事部門ファリンティルを組織してゲリラ戦で応戦。アルカティィリ氏は同年一二月に東ティモールを離れ、九九年まで、独立にむけて国際的な協力をとりつけるため、モザンビークを拠点に外交活動を展開。東ティモールの代表として、諸外国とのほとんどの交渉に参加した。モザンビークでは大学で国際法を教えたり、政府の司法上級コンサルタントを務めた。国連の暫定統治が始まった九九年、東ティモールにもどり、二〇〇〇年七月、東ティモール暫定内閣の経済担当閣僚に。翌年、東ティモール行政府の首席閣僚になり、独立後、首相に就任した。

アルカティリ首相の勢力基盤は与党フレテリンの内部でも磐石《ばんじゃく》で、「憲法上の規定で権力が首相に集中しているため、与党内でもだれも彼にさからえない」(地元政治学者)との見方もある。同首相を、インドネシアで三二年間におよぶ長期独裁政権を保ったスハルト元大統領になぞらえ、「第二のスハルト」と呼ぶ市民もいる。

ひろがる政治不信

アルカティリ政権への不満は失業・貧困問題だけではない。政策決定や公金運用における不透明性もしばしば指摘される。

前出のルーカス・ダ・コスタ学長は「オーストラリアと共同開発中の海底油田を例にとっても、一般国民が開発計画に参加できず、くわしい情報も開示されていない。外国からの援助資金の使われ方も不透明だ。この国で公金の使途を楽観することはできない」と話す。かつてインドネシア軍と戦った元ゲリラ兵らも「外国からの援助資金を元ゲリラ兵士の処遇のために使うことになったと聞いたが、われわれが実際に政府から金やサービスを受け取ったことはない。援助してくれるなら、政府を通さずわれわれに直接してほしい」と訴える。

「知識人を閣僚に登用せよと訴えたが、首相は、能力にかかわらず側近《そっきん》だけを内閣に配し

2003年5月，独立1周年記念式典で演説するグスマン大統領.

た」(ジュリオ・ピント同大学研究主任)との指摘もあり、「側近偏重《へんちょう》人事」が政治不信を高めている。

政府要人に、内閣の不人気の理由をきくと、それは「不人気というのが本当だとしたら、われわれが建国後、最初の政府だからであろう。建国当初だから課題が山積《さんせき》している。しかし、たった一年では解決できない。一年で万人を満足させるのは難しい」と話す。

グスマン大統領は独立一周年記念式典(二〇〇三年五月)の演説で「我が国は安定しているが、国民のあいだに潜在的《せんざいてき》な不満がある。この国では、社会・政治問題の改善が最優先事項だ」と述べた。貧困や政治腐敗の解消に積極的に取り組むべきとの政府への注文だ。

これに対し、アルカティリ首相はマスコミの取材に答え、「大統領のメッセージは我が内閣ではなく、たぶんどこかほかの国のことを指していると確信している」と話している。首相と大統領との現在の力関係を象徴する発言だ。

二〇〇二年一二月の暴動で焼き討ちにあった首相の元自宅は、庭に雑草がしげり、屋根は焼け落ち、完全に廃屋《はいおく》と化している。放火当時、首相は国会議事堂にいて無事で、家族も、暴動発生の前後に国軍の誘導で郊外に逃げて難をのがれた。放火されたことについて首相は「どこにでも(私に不満をもつ)小グループはいる。放火が成功したのは警備上の不手際《ふてぎわ》が原因だ」と話している。暴動の根底にある社会問題、人々の不満を首相がどこまで解決できるかが今後の政局運営のかぎだろう。

同国で農業の運営管理手法の伝授などに努めるNGO(非政府組織)メンバーの日本人男性は二〇〇二年一二月の暴動発生当時、ディリ市内の事務所にいた。妻といっしょに乗用車で国連東ティモール支援団(UNMISET)に参加している自衛隊の駐屯地《ちゅうとんち》まで逃げ、かくまってもらった。しかし、二〇〇四年五月でUNMISETは全面撤退する予定だ。その時、暴動が起こってももう自衛隊などの他国軍はいない。東ティモールにいる国際NGOメンバーの間では、UNMISET撤退以降の治安に対する不安がさかんに議論されている。二〇

○二年一二月の暴動を鎮圧したのも、東ティモールの軍隊や警察ではなく、おもにUNMISETの部隊だった。貧困と政治不信に基づく不安定要素が改善に向かわないまま、国際社会の関与は急速に減退している。

政府が今後の治安を保つには、警察力の強化だけでなく、国民の信頼を勝ち得ることが重要になっている。

南アフリカ
「虹の国」の苦悩

城島 徹

南アの子どもたちは人なつこい．レンズを向けると大喜びで集まってきた．ヨハネスブルク郊外の旧黒人居住区ソウェトにあるムララトゥディ小学校で．

【国名】 南アフリカ共和国
【面積】 121万9080平方キロメートル
【人口】 4433万人
【首都】 プレトリア
【住民構成　黒人77.6%，白人10.4%，カラード(混血)8.7%，インド・アジア系2.5%
【宗教】 白人の大多数と黒人の6割がキリスト教，ほかにヒンズー教，イスラム教，伝統宗教
【国内総生産】 1133億ドル(2001年)
【1人当たり国民総所得】 2900ドル(同)

マンデラ大統領の誓い

一九九四年五月一〇日。南アフリカの首都プレトリアにある大統領官邸《かんてい》前の広場は一五万の群集で埋まった。多くの黒人たちが固唾《かたず》をのんで見守る中、人種差別からの解放運動の象《しょう》徴《ちょう》となったネルソン・マンデラ新大統領(当時七五歳)が姿をあらわし、高らかに宣言した。

「傷を癒《いや》し、われわれを分断してきた亀《き》裂《れつ》に橋をかける時が来た。力を合わせ和解し、新しい世界の誕生に向かわねばならない。」「私たちは誓《ちか》う。平和な『虹《にじ》の国』を建設していくことを。」

南アフリカは白人以外の人々を長年苦しめたアパルトヘイト(人種隔離《かくり》)政策を廃止《はいし》し、一九九四年四月には史上初めて黒人、白人、インド系など全人種参加の総選挙をおこなった。その結果、アパルトヘイト打倒を掲《かか》げてきた黒人主体のアフリカ民族会議(ANC)が最も多くの支持を集め、政治犯として二七年半の獄中《ごくちゅう》生活を体験したマンデラANC議長が大統領に就任《しゅうにん》したのだった。

「あの日の胸の高鳴《たかな》りは忘れられない。」――多くの南ア黒人が誇らしげに語る大統領就任

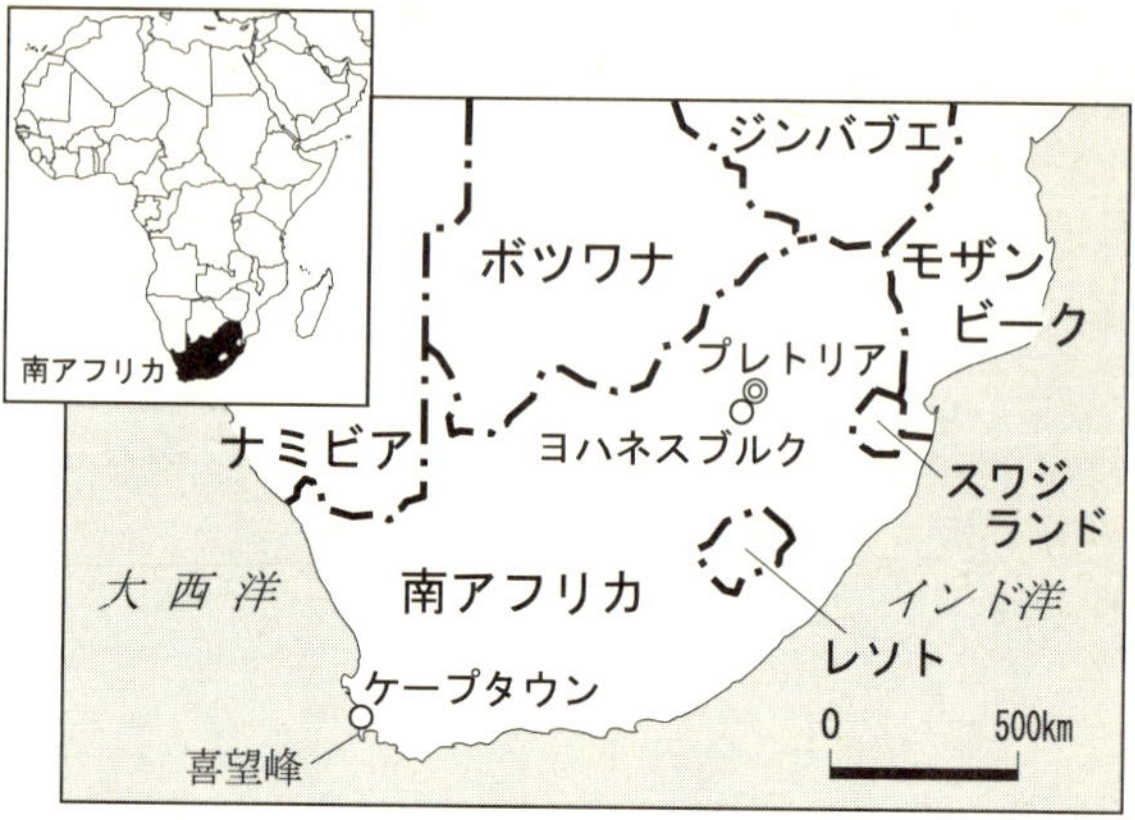

記念講演は、三世紀以上つづいたアフリカ大陸最後の白人少数支配に終止符を打ち、武力ではなく対話によって、白人政府から黒人主導の政府に平和的な権力移譲《いじょう》をなしとげた歴史の瞬間として記憶された。

人種隔離から全人種融合《ゆうごう》の「虹の国」へ、人種や民族の違いをたがいに尊重し合い、対等な立場で新しい国家を築いていこうと呼びかけたマンデラ新大統領による「新国家建設」の誓いは、不信感におおわれ、武力抗争の絶えない世界にとって明るい希望の光となった。

アパルトヘイトとの戦い

「アフリカ大陸の南端」にある南アフリカは面積が日本の約三倍で、人口は日本(約一億二七〇〇万人)の約三分の一だ。その約八割を占める黒人はアパルトヘイト政策に基づく法律で全国土の一三%の辺境の土地をあてがわれ、居住区（ホームランド）に隔離させられていた。白人の南アフリカ人が国民としてもっていた権利は、黒人には与えられなかった。また、都市で低賃金労働者として働かされていた人々やその家族は、タウンシップと呼ばれる黒人居住区に隔離して住まわされていた。つまり、ホームランドでもタウンシップでも、どこに住もうと、白人と同じような市民権をもたなかった。

南アフリカは、十七世紀にオランダ人が入植、その後、十九世紀初頭にイギリスが植民地支配を開始した。南ア戦争をへて、白人勢力間の妥協《だきょう》の産物として一九一〇年に独立した南ア連邦（一九六一年より南アフリカ共和国）は、非白人を「劣等《れっとう》人種」とみなして抑圧。白人労働者を保護し、黒人など非白人を安く働かせるために隔離政策がおこなわれ、やがてそれが強化されてアパルトヘイトとして制度化された。非白人には参政権がなく、自由な国内移動も禁じられ、鉄道の車両などでも白人とへだてられて

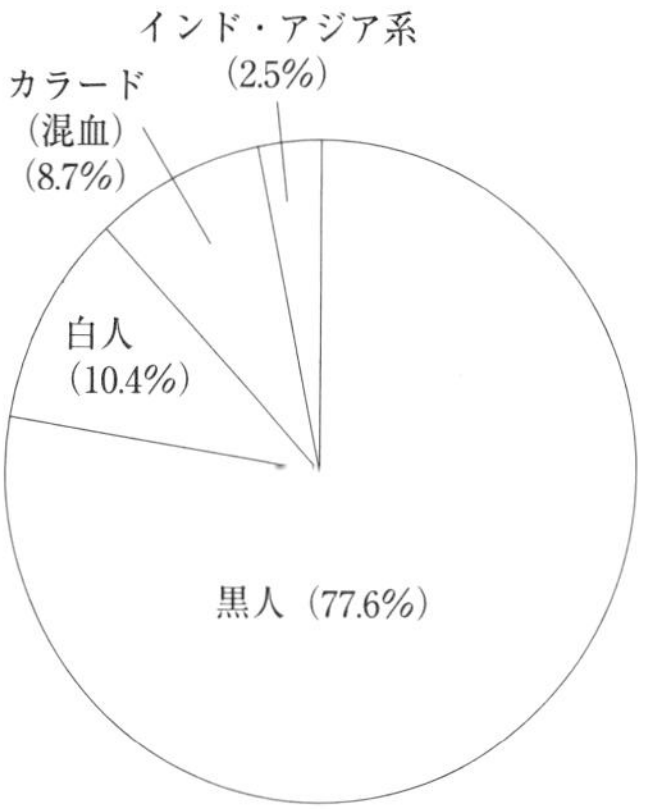

南アフリカの住民構成
(『世界年鑑』参照)

国民の圧倒的な人気を集めるマンデラ前大統領．27年間の獄中生活を感じさせない笑顔が魅力的だ．

差別された。

反対運動への白人政府の弾圧も強まり、拷問《ごうもん》で殺された活動家もいた。アパルトヘイト廃止を求める欧米や日本など国際世論のたかまりにより、国連安全保障理事会で南アフリカに対する経済制裁が採択《さいたく》されたが、日本は棄権《きけん》し南アと交易をつづけた。日本人は、貿易の促進のために南ア政府から「名誉《めいよ》白人」として白人並みにあつかわれ、白人支配体制と連携《れんけい》してきた経緯がある。

＊　＊

「二七年半の投獄に耐《た》えた驚異の男。おお、彼こそ我らの英雄〜♪」

筆者の知りあいの黒人歌手は誇らしげに歌う。彼が尊敬するマンデラ氏は一九五二年、ヨハネスブルクで初の黒人による法律事務所を開設、黒人の権利獲得をめざして活動し、何度も逮捕《たいほ》・拘束《こうそく》を経験した。六二年八月に逮捕され、国家反逆罪で終身刑を宣告された。服役《ふくえき》中に白人政府から釈放の見返りとして提示された反政府活動の放棄《ほうき》を頑《がん》として拒みつづけ、九〇年二月にようやく釈放された。

「すごいぜ。人生の貴重な時間を奪われたというのに、だれも恨《うら》まずに、信念の強さと寛《かん》容《よう》さを身をもって示したんだ。」

出獄から四年三カ月後、南ア初の黒人大統領に就任したマンデラ氏への思いを歌手は語った。

南アフリカで最も有名な都市は、喜望峰《きぼうほう》の足元にあるケープタウンだろう。一六五二年、オランダ東インド会社の補給基地としてヤン・ファン・リーベックが建設した。それは南アの植民地化の第一歩でもあった。ヨーロッパ人がつくった、南アで最も古い街として知られ、立法上の首都として国会がある。二〇〇二年には三五〇周年を迎えたが、仰々《ぎょうぎょう》しい記念行事はなかった。長く抑圧されてきた黒人や東インド会社が連れてきたマレー系などの祖先をもつカラード(混血)の住民の感情を思えば当然だろう。

かつて白人議員がすべての座席を占めた旧議事堂に入ってみると、与党のアフリカ民族会議(ANC)の議員総会が開かれ、ムベキ大統領を中心に熱心に討論《とうろん》する黒人議員の姿があった。

マンデラ前大統領が入れられていたロベン島の独房.

そのケープタウンの沖合《おきあ》い約一一キロに、マンデラ氏が二七年半の獄中生活のうち一八年間幽閉《ゆうへい》されたロベン島がある。服役《ふくえき》中の苦悩の一《いっ》端《たん》を知るために訪ねた。すでに刑務所は閉鎖され、島は歴史を語る博物館へと役割を変え、ユネスコの世界遺産に登録されていた。

「こんなせまい部屋に……」

マンデラ氏がいた約三メートル四方の独房《どくぼう》の前で、欧米の観光客が絶句した。バケツが当時と同じように置かれ、鉄格子《てつこうし》の窓からせまい中庭をかこむ向かい側の壁が見えた。

「ここで彼は、収容所の白人看守《かんしゅ》との交友を深めたのです。」

島のガイドが語ったエピソードは、多数派の黒人主体の政権を担う立場になっても、少数派に敬意を払う姿勢をもちつづけたマンデラ氏の素顔を物語る。

中学・高校生が闘ったソウェト蜂起

反アパルトヘイト運動には多くの中学・高校生も参加した。一九七六年六月一六日、ヨハネスブルク近郊の南ア最大の黒人居住区ソウェトで、政府の白人系言語アフリカーンスの強制に反発する少年たちによるデモ行進が起きた。警官隊の発砲《はっぽう》で多くの死傷者《ししょうしゃ》を出し、騒乱が南アフリカ全土に拡大した。「ソウェト蜂起《ほうき》」と呼ばれ、反アパルトヘイト運動の節目となった事件だ。その最初の犠牲者となった当時一三歳の少年ヘクター・ピーターソン君の射殺直後の写真は、国際世論の批判を一気に高めた。一方で、白人政府の黒人解放運動への弾圧も強まっていった。

ヘクター・ピーターソン君の慰霊碑の前に立つ近所の子どもたち．2003 年 6 月の記念式典で．

今もソウェトに住むノジポ・ドロロさんは、二七年前の蜂起の日のことを回想して語った。その日の朝、四歳下の弟シディマさん(当時一八歳)から「ニュースに注意しといてよ」とささやかれた。昼ごろにラジオが騒ぎだした。「多数の少年が死亡している……。」弟は高校の仲間と数日前から抗議デモを計画し、それが「蜂起」の端緒《たんちょ》となったのだ。

マンデラ氏ら多くの指導者が獄中にいた時代だ。弟のシディマさんは、まもなくアフリカ民族会議（ANC）のゲリラ活動家となったが、八九年、亡命先で南アの警察隊に射殺された。

「確かに平和になったけど、今も経済は白人が牛耳《ぎゅうじ》っている。」

ノジポさんはくちびるをかむ。アパルトヘイト制度は廃止されたが、黒人労働者の約七割は工員などで、経営・管理部門の職をもつのは約一割にすぎず、黒人と白人の所得格差はいまも七倍と大きい。「アパルトヘイトは貧困や失業など、数多くの『負《ふ》の遺産《いさん》』を残した」とノジポさんは言う。

＊　＊

「たとえ命が絶たれても、自由のために進もう〜♪」

ソウェト蜂起の日、高校一年だった写真家のビクター・マトムさんは、同級生と口ずさみながら行進した。抗議デモがつづいた一〇日目、警官の銃弾《じゅうだん》が右太ももの皮膚《ひふ》を吹き飛ばした。病院に行けば警察に連行されるからと、一カ月半、自宅で激痛に耐えた。仲間五人が撃《う》ち殺された。

そんな体験から「白人政権の不当性を世界に訴えたい」と独学で写真を覚えた。警察に発

ソウェトのスラム街で「手に職をつけることは大事」と語りかけ，若者に写真を教えるビクター・マトムさん．若者のまなざしも真剣だ．

砲される黒人群衆をレンズで追った。自分の事務所が入居するビルを爆破される仕打ちも受けた。

スラム街で写真指導を始めて十数年。生徒は、貧困から学校を中退した子ども約八〇人だ。南アの現状は「虹の国」の理想にはほど遠い。「でも、人生は終わりじゃないと、彼らに伝えたい。知識や技術を身につけ、自分の力で未来を切り開いてほしい」と、四三歳になったビクターさんは言う。

ソウェトのヘクター少年の慰霊碑《いれいひ》前では毎年六月一六日、犠牲者の霊に祈りをささげる記念式典が開かれる。蜂起から四半世紀の節目となった二五周年にあたる二〇〇一年には、ソウェトでの式典におおぜいの蜂起参加者の姿が見ら

ソウェト蜂起25周年の記念行事に参列したムベキ大統領.

れた。当時一八歳の女子高校生だったスィボニイレ・ムカベラさんは、「事件がしだいに忘れられて風化していくのが心配です」と話した。

二七周年の二〇〇三年六月一六日、ソウェトの競技場で開かれた式典で、女性のズマ外相が会場の若者に大声で呼びかけた。

「この国の将来はあなたたちが築くのです。学校でしっかり勉強をしましょう！」

懸命に教育の大切さを訴える姿から、貧困に負けないで新生国家を建設していこうという意欲が伝わった。

虹の国の苦悩

マンデラ前大統領が掲げた全人種融合という「虹の国」の建設は、現在のムベキ大統領の政権下でも変わらぬ理想だ。しかし、その前途には貧困、失業、犯罪、エイズなどさらなる苦悩が横たわる。

ソウェトに生まれ、苦学して地元の名門大学に進んだ黒人女性、二五歳のマンポ・モレテさんの青春には、南ア社会の実態が重なる。ソウェト蜂起の翌年に生まれ、アパルトヘイト制度撤廃後に思春期を迎えたマンポさんの交友は、肌の色の違いをこえてひろがる。そんな彼女がある日、白人青年を私に紹介し、「いま彼に夢中なの」とささやいた。

金融会社に勤める二五歳のビジネスマン。長身でスーツが似合う。「なかなかハンサムだし上品だね」と言うと、「そうなの」と、マンポさんは声を弾《はず》ませた。

「彼とホームレス支援の奉仕活動に行ったの。」「彼の手料理はすっごくおいしい。」

喜々としてそう話すマンポさんの顔から「進展」が伝わったが、数日後、切ない話を聞かされた。

「彼に『ご両親に会いたい』と言ったら、『無理だよ。黒人女性とぼくが交際する姿を親は想像できない』って断られたの……」

沈み込む彼女に「親の世代は人種の壁が高いけど、彼自身は違うさ」とはげますと、小声でつぶやいた。「もし別れる日が来ても友情はもちつづけたい。そうして私たちの世代が意識を変えていく。」

黒人政権誕生後に成立した南アの新憲法は「反人種差別」を冒頭《ぼうとう》に掲げる。その理念が人々の暮らしに根付くにはまだ多くの歳月が必要なのだろうか。

ヨハネスブルクに赴任《ふにん》して間もなく、黒人女性歌手のコンサートに出かけてハッとしたことがある。ロマンチックな歌声に酔う観客席には黒人と白人がほぼ半数ずついたが、何百ものカップルの中に、黒人と白人のカップルは一組もなかったのだ。南アでは異人種間の結婚や性的交渉を禁じる雑婚禁止法と修正背徳《はいとく》法が一九四九、五〇年に導入された。いずれも八五年に廃止されたが、コンサート会場で出会った、ソウェトの男性がつぶやいた。

「人種差別は紙の上では終わったよ。でも、恋という心の世界では壁が残っているのさ。」

絶望感と若者の犯罪

理想の国をつくろうと苦悩する南アフリカ社会。しかし多発する犯罪は、その苦悩の大きさを物語る。

「ああ……、なんてひどいことを。かわいそうに。」

携帯電話をにぎる手をふるわせ、マンポさんが私の横で突然泣き出した。知り合いの一九歳の女子高生がレイプされたのだ。「妹」と呼んでかわいがっている少女だ。

事件は白昼に起きた。自宅から買い物に行く途中、三人組の男に歩道から雑木林《ぞうきばやし》に引きずり込まれ、首にナイフを突き付けられた。「お願いだからやめて」と泣いて懇願《こんがん》したが、男たちは聞き入れなかった。

警察署に駆けつけたマンポさんは「妹」を抱きしめて泣きくずれた。その背後で「レイプは多すぎて、われわれの捜査《そうさ》も追いつかない」と言い放つ警察官の声が聞こえた。

警察当局によると、二〇〇〇年のレイプ被害(未遂《みすい》をふくむ)は通報だけで五万二八六〇件にのぼる。このうち一八歳以下の被害は二万一四三八件と約四一%を占め、一日当たり五八人の未成年者が被害にあう計算だ。

「本当にくやしい。でも、こういう凶悪事件ばかりメディアに強調されるのは納得いかない。南アには心温かな人々がいるし、悲しみを癒《いや》す美しい青空だってある。」

そう話すマンポさんに「どうしたら犯罪をなくせると思う?」とたずねてみた。彼女は言葉をかみしめるように答えた。

「人間の尊厳を重んじる気持ちと家族の愛情が絶対に必要です。基本的な社会の価値観がくずれている。なんとかしなければ。」

南アの凶悪事件の人口比発生率(一九九九年)は日本とくらべ、殺人五三倍、強盗六八倍、レイプ八一倍、と絶望的な数字だ。「世界最悪の治安」といわれる下町を歩いて取材する時は、襲われないようスーパーのレジ袋やうす汚い帽子《ぼうし》など小道具を使って貧乏をよそおう。

貧困の絶望感から犯罪に走る若者も多い。ソウェトのムシビおばさんは、親のいない少年が窃盗《せっとう》やけんかで警察に逮捕されると、一六〇キロの巨体をゆらして駆けつけ、小遣《こづか》いを渡して「もう、やめなさい」とさとす。その頼りがいのある容姿から、私は「ビッグママ」と呼んでいる。ムシビおばさんは五八歳。

皮肉《ひにく》なことに、ムシビおばさんの家で私はカメラを盗まれてしまった。盗んだのは近くに住む二一歳の若者だった。居合わせた青年らが気付き、取り返してくれた。ムシビおばさんは申しわけなさそうに、「あの子は無職で、週末に遊ぶお金がほしくて、カメラを換金しようとしたのよ」と言った。

新政権は黒人の生活向上をめざし、二五〇万人の雇用創出や住宅建設などを目標に掲げた。だが、財源不足などのために、計画を十分に実施することができず、南ア黒人の失業率は五〇%をこえるといわれる。

南ア人種関係研究所によると、二〇〇〇年の犯罪総件数は約二四八万件と、マンデラ前政権発足当時の一九九四年より二四%増えた。強盗だけでも年間約一一万件にのぼる。治安の悪さから外国からの投資はとどこおりがちで、雇用も増えない。「政府が仕事をつくってくれないとねえ。」ソウェト蜂起で多数の黒人の射殺体を目にしたビッグママは、マンデラ政権誕生に歓喜のこぶしを上げたが、そのこぶしは今、下がったままだ。

エイズの暗雲

さらに「虹の国」をおおう大きな暗雲《あんうん》がエイズだ。国連エイズ合同計画(UNAIDS)によると、エイズの原因となるHIV(ヒト免疫不全《めんえきふぜん》ウイルス)感染者は、南ア国民の九人に一人に当たる約四七〇〇万人で、世界最多だ。犠牲者は毎日六〇〇人ともいわれ、その中には自分の意思のおよばない誕生時から十字架《じゅうじか》を背負った子どもの存在がある。母子感染《ぼしかんせん》という問題だ。

二〇〇〇年の世界エイズ会議で「母子感染を防ぐ薬を普及《ふきゅう》させて」と訴えたヌコシ・ジョンソン君が二〇〇一年六月、一二歳で亡くなった。ヌコシ君はエイズで母を失い、その母から自分もHIVに感染した。一九九七年に小学校に入学を拒否されたが、「学校に行きたい」という訴えが大きな論議を呼び、南ア政府がHIV感染者への差別を禁止するきっかけとなった。世界エイズ会議では、か細いからだで「ぼくらは普通の人間なんだ。歩きもするし、話もできるよ」と訴え、世界中のエイズ関係者に感動を与えた。

命が尽きた時、ヌコシ君を生前「聖像」と称《たた》えたマンデラ前大統領は、「彼はこの伝染病にどう向き合うべきかを示してくれた。本当によくがんばった」と述べ、小さな闘士の死を悼《いた》んだ。

南アでは妊婦感染率は約二五%におよぶ。ヌコシ君のように母親から感染した赤ちゃんは年間七万人も生まれる計算になる。

葬儀から間もなく、ヌコシ君が生前過ごしたヨハネスブルクのエイズ感染者救援施設を訪ねた。HIV感染した一七歳から四二歳までの母親一〇人と子供二〇人が共同生活を送っていた。

フェロザ・モハマドさんという母親は小学生の長男イスマイル君を抱き寄せながら、「私だけでなく、この子も感染者と知った時は気を失いそうでした」と言った。フェロザさんは九七年に感染を知り、まもなく息子の感染も判明した。「死にたい」と思ったが、当時三歳だったイスマイル君から「お母さん、死なないでね」と言われ、闘病を決意した。それでも息子の父親はフェロザさんから離れていった。

症状が進行していないイスマイル君は「大きくなったら、小学校の先生になりたい」と言った。「せめて四〇歳まで生きて息子の成長を見守りたい」と、フェロザさんは週三回、ヨハネスブルク近郊の旧黒人居住区の高校に通い、感染防止を訴えるため自らの体験を生徒らに語りかけていた。

しかし、その強い意志にもかかわらず、フェロザさんはイスマイル君を残して翌年、二九歳の若さで亡くなった。

ヨハネスブルク最大のアバロン墓地では、週末になると一五〇をこえる遺体が葬られる。葬送の車列がたえまなく出入りし、花束を置いた真新しい土盛りがいくつも並ぶ。

「私の魂よ、天国へ行っておくれ。現世にはもう安楽は存在しないのだ……」

埋葬に立ちあう遺族らの賛美歌が流れる。

葬儀会社のジャブ・シビヤさんは、「最近はエイズの犠牲者が多いから商売仲間が増えている」と複雑な表情を浮かべた。一七二ヘクタールの同墓地は一〇年たらずで満杯《まんぱい》となる。ヨハネスブルクの墓地二七カ所のうち一五カ所は飽和《ほうわ》状態で、三カ所を新設するという。

なぜエイズによる犠牲者がこれほど多いのか。政府が治療薬を公立病院で供給することに消極的だとの批判も聞くが、ヌコシ君の葬儀で会った女性はこう言った。

「教育をもっと手厚くすべきです。学校に行ってない子どもが多すぎる。その子たちは社会の悪影響を受けやすく、エイズにも感染しやすい。定職につけない人も同じパターンにおちいりやすいので、雇用の機会をもっと増やしてほしい。」

サッカーの二〇〇二年ワールドカップ(W杯)で南アの監督を務めた四七歳のジョモ・ソノさんもエイズ撲滅《ぼくめつ》運動に一役買っている。現役時代に「南ア最高の選手」と言われたソノさんは八歳で父と死別。家庭が貧しく、競技場でリンゴ売りをしながらサッカーを覚えた。アパルトヘイト政策への諸外国の制裁で国際試合には無縁だったが、海外のクラブチームで活躍。W杯では南ア史上初の勝利をあげ、国民を沸《わ》かせた。

W杯が終わって帰国すると新たな役割が待っていた。慰労会《いろうかい》でマンデラ前大統領はこう紹介した。「私もソノ氏も近親者をエイズで失った。彼は初めて感染者の苦悩を知った、と私に語った。(彼を慕う)若者にその思いを伝える意味はとても大きい。」

ある日、ヨハネスブルク郊外のグラウンドにソノさんを訪ねた。

「親友が犠牲になってね……」

一瞬の沈黙をへて彼は言った。

「じつは、感染した子どもたちに施設を寄贈するんだ。これからはエイズ撲滅キャンペーンにもどんどん協力させてもらうよ。」

人種融合の夢

サハラ砂漠以南のアフリカ四七カ国を平均すると、一人当たりの国民総生産(GNP)は五一〇ドルと、日本の約六〇分の一で、そのうち三三カ国は重債務《じゅうさいむ》貧困国だ。飢餓《きが》やエイズ被害も拡大し、アフリカ大陸は「混迷《こんめい》の時代」の渦中《かちゅう》にある。そのなかで、南アフリカは群を抜く経済力を誇る。だが、貧困が犯罪を引き起こし、経済の足をひっぱる。ヨハネスブルクの中心部の企業やホテルは、犯罪を恐れて相次いで郊外に移転し、医者や技術者など白人中産階級は国外に流出、そこにエイズの脅威が打撃を加えている。

それでも、南アは美しい青空に象徴される快適な気候、豊かな自然という宝物をもった国だ。豪快《ごうかい》に笑う人々の表情を見ていると心がなごむ。

高い失業率に負けるものかと、歌や演劇の世界での飛躍《ひやく》を夢見る若者が街にあふれている。教会のゴスペルできたえた歌声と天性の音感。スター発掘コンテストには八〇〇〇人の若者が全国から応募する。強烈なリズムを生かした南ア独特のクワイトという音楽のイベントではマンデラ氏が駆けつけ、「音楽で気持ちを表現するのはすばらしい」と若い世代にエールをおくった。

南アフリカは、人種融合という世界が注目する壮大《そうだい》な試みを今もつづけている。

キューバ

「最後の社会主義国」への旅

藤原章生

植民地時代の館が並ぶハバナ旧市街.

【国名】 キューバ
【面積】 11万860平方キロメートル
【人口】 1123万人(2001年)
【首都】 ハバナ
【住民構成】 混血50%，白人25%，黒人25%(推定)
【宗教】 カトリックだが，信仰の度合いは他の中南米諸国より低い
【国内総生産】181億ドル(2001年)
【一人当たり国内総生産】 1620ドル(同)

アンゴラからキューバへ

「彼らにはコラゾン(心)がない。」

アフリカ大陸の中南部にアンゴラという国がある。戦火《せんか》の絶えないその国に暮らす老人は、キューバ人をそう評した。

アフリカと、カリブ海に浮かぶキューバの関係は意外に近い。一九四五年、第二次世界大戦が終わると、世界は大きく二つに割れた。米国率いる資本主義圏とソビエト連邦を中心とする共産主義圏が一九八〇年代の終わりまで対立していた。いわゆる冷戦時代だ。アフリカの国々も大きくふたつに分かれ、共産主義をめざす国にはソ連や中国の援助とともに、キューバ人がやってきた。サバンナの国、アンゴラにも八〇年代には一五万ものキューバ人が軍事や医療、教育を応援するため派遣された。

私が一九九〇年代後半に訪ねた村でも、一時は一〇〇人ほどのキューバ人が働いていた。だが冷戦の終わりとともにソ連の資金援助も途絶え、キューバに余裕はなくなり、九〇年代の初め、ほぼ全員が本国にもどった。

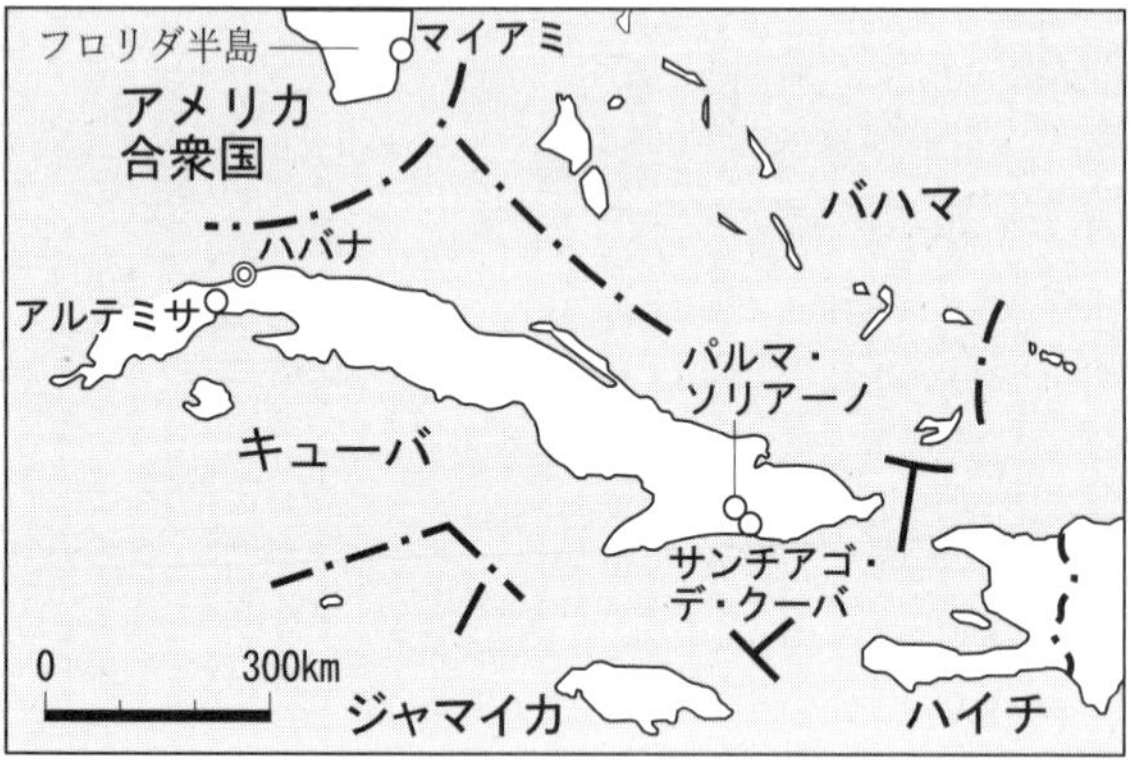

もともと教員も医師もほとんどいない村にとって、キューバ人の到来はありがたかった。なのに、老人をはじめ村には、キューバ人を快く思わないムードがあった。

「自分たちでかたまり、村に残ろうと考える者はいなかった。」「教会にも通わず、どこかわれわれを哀《あわ》れんでいた。」「彼らは結局、本音《ほんね》を語らなかった。」

キューバは一風変わった国だ。ソ連に従い、共産主義をめざしたというよりも、フィデル・カストロという一人の男が築き上げた実験場のようなおもむきがある。

キューバは、十五世紀末にやってきたスペイン人に先住民族を根絶やしにされ、スペイン系とアフリカから連れてこられた奴隷《どれい》が築いたサトウキビの産地だ。少数の企業家が多数の貧しい農民を使い、砂糖を米国に輸出する国だった。二十世紀半ばになっても、貧しい者に教育は与えられず、アフリカ系住民は奴隷時代とさして変わらない生活を強いられていた。そんな世界はおかしい。子どものころ、そんな疑問を抱いていたといわれるカストロは、米国からの本当の意味での独立をめざし、一九五九年、米国の言いなりだった独裁者を倒す、キューバ革命を導いた。

ラテンアメリカはよく「米国の裏庭《うらにわ》」と言われるが、実際にゲリラ闘争で米国系の資本家を追い出したのはキューバ一国だ。ゲリラを率いたカストロはソ連と接近し「共産主義」をうたうことになるが、彼の思想の根には、幼いころから目にしてきたサトウキビ労働者を救いたいという思いがあったという。カストロは後継者に道をゆずらず、すでに四四年も国を率いる。経済封鎖《ふうさ》で圧力をかける米国からみれば、キューバは明らかな独裁政権だ。しかし、彼が今もトップに居座れるのは、キューバにはまだ革命当時の理想を語る気運が息づいているからだろう。

そんな風に考えていた私にとって、アンゴラの老人の言葉は驚きだった。「心がない」とは、どういうことか？　旧支配者のポルトガル人をはじめ、ロシア人、中国人など村に来る人々を観察してきた老人のキューバ人評は、下手《へた》に理屈《りくつ》を重ねない分、説得力があるように思えた。差別の根絶に取り組んできたキューバがアフリカ人にうとんじられている。その理由はどこにあるのか。答えを出せないまま年月が過ぎ、私は二〇〇三年二月、九年ぶりにキューバを訪ねた。

フリオたちの物語

この島に初めて来たのは一九九三年暮れだった。キューバではドルの所有が解禁されたばかりだったが、首都ハバナの町を歩く住人の大半は、栄養失調でやせていた。外国人が泊まるホテルのレストランには食料が余るほどあるのに、キューバ人はパンひとつを手にするのにも苦労していた。それでも、古ぼけた映画館やキューバ音楽、サルリを聞かせる野外広場は熱気に満ちていた。

滞在中、三人の若者と知り合った。アフリカ系の男サリーと、スペイン系の兄弟、フリオとビクトル、いずれも二〇代半ばだった。弟のビクトルは政府公認のタクシー運転手で、残り二人はガイドだった。当時、やっと解禁され始めた自営業の一種だが、ビクトルをのぞく二人はもぐりだったようだ。

印象深かったのは、彼らがメキシコや日本の話を聞くことを心底喜んだことだ。若者は見知らぬ世界に憧《あこが》れるものだが、彼らの憧れには、わき上がるエネルギーのようなものがあっ

他のラテンアメリカ諸国にくらべ，黒人・白人のカップルが多いのもキューバならではの特徴だ(パルマ・ソリアーノで).

た。せまい檻《おり》に閉じ込められた子どもが全身でうなり声をあげるように、外の世界を渇望《かつぼう》していた。

幼なじみのサリーとフリオ、肌の色がまったく異なる二人が家族ぐるみで仲良くつきあっているのも目新しかった。日本でも米国でも人種偏見は解消されない。なのに二人には壁など何もないようだ。キューバならではの美徳とあとで知ったが、私には新鮮に映った。

三人に再会するのを楽しみに九年ぶりにハバナの旧市街を歩いた。朽《く》ちたレンガの二階家が並ぶ通りは何も変わらない。ただ、経済がどん底だった九年前にくらべ、自給農業の発達から人々の体型は普通にもどっていた。太った人はほとんど見かけないが、頰《ほほ》がこけ、ガリガリの人もいない。ただ、外国人を見るとしきりに近付こうとする人が圧倒的に増え、おずおずとした態度は消えていた。

フリオの家の扉《とびら》をたたくと、四〇代半ばの女性が怪訝《けげん》そうに顔をのぞかせた。家の中は整い、応接セットもある。

「フリオに会いに来たんですが。」そう言うと、女性は少し脅えた表情になった。「いないんでしょうか。」「ええ……、ずっと前から。」「いま、どこに?」「いま、米国のマイアミにいます。」

サリーもふくめ、三人は私が会ったその年、一九九四年九月、いかだに乗りハバナを脱出していた。フリオの従姉《いとこ》に当たるその女性はこちらの事情を聞くと、ようやく安心して、私に二枚の写真を見せてくれた。

一枚目では、上半身はだかのサリーとフリオ、ビクトルが全身で喜びを表していた。米国がキューバ独立時から借り受けている、キューバ島のグアンタナモ米軍基地で撮《と》られたものだ。後ろにはカーキ色のテントと、真っ青な空。いかだで沖に出た三人は米海軍に拾われ、基地に収容されたそうだ。

ハバナ港の運行船で通学する少年.

伝説となった脱出行

三人が国を出るきっかけは、一九九四年八月にハバナで起きた暴動だった。亡命をはかった一団によるハバナ港運行船の乗っ取り事件を機に、市民が市街で投石をくりかえす、カストロ政権下、初ともいえる住民反乱が起きた。米国の反カストロ勢力が「脱出」を呼びかけるラジオ放送を流したのも一因だが、もともと米国移住を希望する人は相当な数にのぼっていた。

東欧の社会主義諸国が国民に倒された後だけに、騒乱は無視できるものではなかった。カストロ政権は不満分子の脱出を黙認《もくにん》する意味から、沿岸警備隊による取り締まりを一カ月間ゆるめることに決めた。

キューバでは一九八〇年にもやはり、米国への移住希望者がペルー大使館などに殺到するマリエル港事件と呼ばれる騒ぎが起きている。このとき、米・キューバ間の合意で約一二万五〇〇〇人が米国に渡った。

「いかだで出たい者は一カ月以内に去れ」――政府の通告はサリーやフリオの耳にも届いた。だが三人は過激な反政府分子ではなかった。サメが生息するカリブ海に漕《こ》ぎ出す不安もあり、出て行くつもりはなかった。それでもフリオとその兄弟は一五日目が過ぎたころから、急に落ち着かなくなり、脱出を決意した。家財を売り払い、鉄板やタイヤ、材木を買い、自宅でひっそりといかだをつくった。生まれる前からつづく体制に背を向けるのは、夜逃げのようなものだ。大手《おおで》を振ってというわけにはいかなかった。フリオは当初、サリーに知らせなかった。政府の病院で働く真面目な看護婦、サリーの母が反対するのは明らかだし、いかだは家族をふくめ六人で満杯だ。ところが、出発直前になってサリーが気付き、フリオをなじり「乗せてくれ」と頼みこんだそうだ。

出発当日、家族や近所の人に見送られ、三人はハバナを離れ、数週間後、米軍基地に落ちついた。写真の中で跳《と》びあがる三人は、その後、基地に三年も留め置かれたが、身内の女性は「米国に行ける希望があったからまったくくじけなかった」と話す。

もう一枚の写真はがらっと印象が変わる。すでにマイアミ暮らしに慣れたフリオが芝生《しばふ》にしゃがみ、Vサインを見せている。夜の芝生、レゲエ歌手風の長髪になったフリオはやや太っていた。表情からかつての憂《うれ》いが消えた分、若者特有のけわしさもぬけていた。

このとき、ハバナを去った人は推定一二万人に達するといわれる。フリオらの脱出は、見送った少年少女の間で伝説のように語られている。その後、沿岸警備がきびしくなり、いかだでの脱出はほぼ不可能になったためだ。マイアミの親戚から正式な招待でもないかぎり、もう米国への道は閉ざされた。

九年前、岸辺でいかだを見送った一人、アリシアさんは、いま豆などの配給の食料で何とか暮らしている。彼女の母は薬剤師で、二六歳のアリシアさんも大学の文学部を出ているが、二人とも働いていない。「まじめに通勤しても給料は月一五ドルほど。観光客を家に泊めたり、案内をしただけで何倍ものお金がもらえる。ばかばかしくて働く気がしない」というのだ。もちろん、まじめな政府職員も多いが、豊かな観光客を日々目《ま》の当たりにするなか、人々に空しさがひろがるのは避けようがない。ただ、せめてもの救いは、他のラテンアメリカ諸国のように官僚や政治家に深刻な汚職が蔓延《まんえん》していないことだろう。

アリシアさんはこんなことを言った。

「キューバはたぶん、旅行者として訪れるには最高のところ。でも、暮らすのは最悪。田舎《いなか》はもっとひどい。」

ハバナ近郊の村で

「ハバナはおかしくなっている。本来のキューバは田舎にある。」

ある医師の言葉を信じ、村を訪ねてみることにした。首都ハバナから乗り合いタクシーで一時間ほど走ると、車はほぼ途絶える。キューバ西部の町アルテミサのはずれを歩いた。セメント工場に勤務するラウル・アビラさんの小さな家には旧ソ連製の古いラジオがあるほか、目だったものはない。東部の農家の五男坊だが、食糧難が最悪となった一九九三年、徴兵《ちょうへい》でこの町の大増産計画に駆り出された。

「アフリカのアンゴラの戦争に行かされた兄にくらべれば、自分は運が良かった。農園にいたから、とりあえず毎日食べることはできた。」

アンゴラは、「キューバ人には心がない」と語った老人が暮らす国だ。二九歳のアビラさんは、農園の女性と結婚し、五歳の男児と三人で暮らす。工場の月給は二八五ペソ(約一四〇〇円)で、砂糖など最低限の配給はあるものの、米と豆を買うだけで精一杯だ。鶏肉《とりにく》は週に一度、キューバ人の大好物、豚肉は革命記念日と大晦日《おおみそか》に食べるだけだ。毎日働いても年に二回しか豚肉を食べられない。不満はあるはずなのに、アビラさんは決して口にせず、なかば政府広報のような言葉をつかう。「不満などありません。第一、この国は治安が良いし、医療や教育を無料で受けられます。ぜいたくを言えばきりがありません。世界に一つしかないこの国に暮らせることに満足しています。」

農村生まれの彼は徴兵で過去に一度、国内を移動しただけだ。他の国のことも都市も知らないはずなのに「この国は治安が良い」といった言葉がよどみなく出てくる。あまり自然な言葉とは思えなかった。アビラさんの兄をはじめアンゴラに行ったキューバ人もきっと模範生ばかりだったのだろう。アンゴラの人々とつきあい酒を酌《く》み交《か》わしても、不満ひとつ言わず、国を称《たた》えていたのかもしれない。本音を見せない、あるいは、見せられない。「心がない」とはそんな印象からきた言葉だったのだろうか。

会見を終え、写真を撮らせてほしいと言うと、アビラさんは、わきにいる妻と顔を見合わせ迷ったすえ、結局、断った。

アビラさんの家から歩いて五分。四一歳の高校教諭《きょうゆ》、ディエゴさんの暮らしぶりは少し違っていた。一九五〇年代の米国映画に出てくるような田舎町の小さな邸《やしき》に暮らし、裏庭には五八年製のフォルクスワーゲンが停めてある。私の目から見ればボロの中古車だが、ハバナからいっしょに来た二〇代の男性は、「いい車もっている。いい暮らししてるんだ」と言う。キューバでは今も革命前の五〇年代以前の車が現役で走り、通りはクラシックカーのパレードのようだ。車をもつこと自体が富のシンボルなのだ。

隣近所や町の庁舎の壁のペンキは何年も塗り替えられず、どこもはげあがっているが、ディエゴさんの家はペンキが塗りたてだった。教員の給与は三一〇ペソ、一五〇〇円ほどだ。母と叔母《おば》、妻、乳児という四人の扶養《ふよう》家族を抱えるには少なすぎる。なぜ、こんな暮らしを？　寡黙《かもく》なアビラさんにくらべ、ディエゴさんはさばけている。別の言い方をすれば、外の俗な世界にスポイルされているということだろうか。

「叔母がボンボン(正式な出国の通称)で米国に渡って、毎月一〇〇ドルの仕送りをしてくれる。それを元手に、まあいろいろと商売を。くわしくは言えないけど、たとえば豚を安く買って、町の客に売ったり。」

キューバではこうした転売は正式に申請しないかぎり禁じられている。農民ら生産者が売るのはまだしも、部外者が売れば「中間搾取《さくしゅ》」が生まれるからだ。だが、闇《やみ》で売ればかなりのもうけになる。物不足のハバナでは豚や鶏が地方の二倍、三倍で売れるからだ。

ディエゴさんは私の収入を聞くと、「それならここでビジネスをすればいい。数千ドルの資本があれば、相当なビジネスができる」と商売を持ちかける。彼が受ける仕送り一〇〇ドルは、日本の学生が一日半のアルバイトでかせぐ額だが、キューバの教員の月給八カ月分に相当する。しかしディエゴさんは米国に渡る気はない。

「ここには約束も、時刻表もない。のんびりしている。酒を飲み、踊りを楽しむ。そんなゆるさが好きだから、離れる気はない。外貨を手に入れのんびり暮らす。それが一番楽なんじゃないかな。」

ハバナ近郊のせいか、闇商売に熱をあげる人々と、アビブさんのように黙々と暮らす旧来のキューバ人との格差はどんどんひろがっているようだ。では、全員が貧しいといわれるもっと田舎の方はどうなのか。

東部の町で

ハバナから列車で一四時間。東部の都市、サンチアゴ・デ・クーバに近い人口一二万ほどの町、パルマ・ソリアーノに行ってみた。家々のペンキはどこもはげ、もう何十年も塗り替えていないようだ。バイクは多少あるものの、車はほとんど走っていない。人は馬車や牛車

棚に豆類くらいしかない政府の食糧配給所で番をする少女(パルマ・ソリアーノで).

を使う。ハバナがある西部とは違い、村民のあいだの格差は目立たないが、旧ソ連の援助があった一九八〇年代と違い、ドルがなければまともな服も靴《くつ》も買えない。

政府の支給品が売られる店には、日本でいえば五〇年代に出始めたナイロンでつくったような古臭い、しかも野暮《やぼ》ったい水玉模様のワンピースが、ほこりをかぶったまま、はげたマネキンに着せてある。だれが買うのか高さ五〇センチもある白鳥のガラスの置物やガラス製の灰皿といった国産品が無造《むぞうさ》作に並んでいる。一方、すべてドル決済の唯一の店に行けば、飴玉《あめだま》三つ一〇セントから、米国製のチョコレート、八〇ドルもする靴が大事そうに並ぶ。

町から五キロほど離れた農村に暮らす自営農家のカスティジャーノさんは、規定通り、野菜の売り上げの八割を国に収め、月収は一〇〇ペソ(約四八〇円)。六九歳のカスティジャーノさんは自営なので年金はもらえず、もう何年も服を買っていないが、「がまんしないと」と文句を言わない。

その近所に暮らす五五歳の女性、アナミルナさんは母子家庭のため月二六〇〇円の年金を受け取る。自給作物を食べる彼女は「ある物を食べるだけですよ」と笑う。その微笑がなんとも純粋で自然に見えた。

「子どもに教育を与えてくれたカストロ政権に感謝している」と語るアルディネスさん夫妻.

最奥の人家には五九年革命が起きるまで、親米派のバチスタ政権で警察官をしていたという七九歳のアルディネスさん夫妻が、電気も水道もないあばら家に暮らしていた。

「このあたり、東部は昔から貧しかった。私は独裁政権時代の軍人で、いわば資本主義者だった。でも、貧しくても三人の息子に教育を与えてくれた革命政権に感謝している。革命がなければ、息子を大学に送るなど夢の夢だった」と言う。ドルを求めて海外に出たがる若者や、経済的格差については「影響は仕方ない。でも私には関係ない」と議論を避けた。しかし、しばらく話しこむとこんな本音をもらした。「それにしても最近は変だ。どうしてこんな田舎に泥棒が来るのか。」無防備な農村をねらった家畜泥棒が増えているそうだ。

このあたりの行政を取りしきる共産党員、マリアさんはまじめを絵に描いたような人だ。「この国の美徳は平等です。黒人も白人もみな同じ。今は苦しいけど、少しずつ良くなっている。」

そう語るマリアさんに、安月給に耐えられず渡航を夢見る人があふれるハバナの現状をどう思うか、とたずねると、けわしい顔になり「それは些細《ささい》な問題です」と下を向いた。さらにきくと「それは彼らの問題であり、私の問題じゃない。私はこの町で国のために一所懸命働くだけです」と言ったきり、口をつぐんでしまった。深刻なのは、マリアさんの二四歳の一人息子もハバナで渡航を画策《かくさく》していることだ。都会の害には耳をふさぎたいという彼女の表情に、苦悩と戸惑いがあった。

不透明なカストロ後

マリアさんのような模範的な国民を中心に構成されるこの国の国会、国家評議会の大きなテーマは、カストロ後の政治体制のあり方だ。二〇〇三年八月に七七歳となるカストロ国家評議会議長は一九八六年、実弟のラウル・カストロ第一副議長兼国防相を後継者に指名している。カストロが引退するのがいつになるのか。表向きには一〇〇%近い支持率をもつ現在の体制を、後継者たちはそのまま維持することができるのか。

カストロというカリスマの重しがとれると同時に革命政権は求心力を失うという見方を意識したのか、キューバは二〇〇二年、「社会主義体制は不変」とうたう憲法改正に踏み切った。観光業を中心に海外の資本が入りこむ一方、反体制派への締め付けは従来以上にきびしくなっている。カストロ政権は二〇〇三年、七五人の反政府活動家やジャーナリスト、詩人らを「米国の諜報《ちようほう》活動に協力した」として国家反逆罪で逮捕し、最高で懲役《ちようえき》二八年の刑に処した。また、同じ年の四月、キューバ航空機を乗っ取り亡命をはかった三人の男性にスピード判決で死刑を下し、即座に執行《しつこう》した。「カストロは老いて冷静な判断能力を失った」という憶測《おくそく》も飛びかったが、政権を次の世代にゆずろうというカストロが、ゆるみはじめた体制を立て直すため、締めつけを強めたというのが大方の見方だ。

こうした一連の政策に対し、これまで親キューバ的だったカナダや欧州諸国、そしてラテンアメリカ諸国が背を向け始めている。米国による経済封鎖が解かれる見通しはますます遠ざかった。学生時代から親キューバ派だった政治学者、ホルヘ・カスタニェーダ前メキシコ外相は、「反米や平等主義をうたっても、経済が伸びなければ国民は満足できない。今の時代、途上国は米国に従わなければ生きていけない。孤立をつづけるキューバは近い将来、ひどい経済危機を迎えることになる」と予測する。

馬車に揺られて

パルマ・ソリアーノを去る朝、私は馬車に揺られていた。春風が心地よいせいか、この国のいい面に思いが向いた。

理想を貫くため一人の男がトップに居座った結果、教育、医療の平均レベルは周辺国よりもはるかに高くなった。そして「平等は美徳」という考えがまだしも根づいている。ブラジルやコロンビアの黒人街のひどい生活、政府からの無視のされよう、ペルーやメキシコの先住民に対する差別を思えば、キューバには、不完全であれ、理想の核と呼べるようなものがあるような気がする。

キューバにはバイオ・テクノロジーの発達や自給農業など誇れる面もある。だが、成長を大前提とする現在の市場優先の世界で、この国ははっきり遅れをとっている。すべてを投げ打ち、米国を中心とする自由市場の仲間入りをすれば、国内の格差は一気にひろがり、平等は名実ともに幻想《げんそう》となる。ここが世界の中心で、すべてがここで完結していれば問題はないのに……。この国に何かを期待してしまうのは、たとえば人種平等という点ひとつとっても、世界があまりに無慈悲《むじひ》にできているせいだろう。

ラテンアメリカはどこも貧富の差が激しい。人々はこの格差に慣れ切ったまま、この先何年も平穏に暮らすことができるのだろうか。もはや革命は起きないとしても、このままではすまされない気がする。そのころ、キューバはどうなっているのか。そんなことを考え、馬車に揺られていると、向かいの席にいた若い男性に声をかけられた。

「馬車、好きですか？」

「ええ、いいですね、馬車。」

しばらく黙っていると、別の初老の男性が、

「あなた、日本人ですか。東京にも馬車、ありますか。」

と聞いた。

「いや、こういう交通手段としては、もうありませんね。」

沈黙がつづいた。すると、わきにいた中年の女性が誰にともなく言った。

「毎日毎日馬車ばかり。私はもっと別の乗り物に乗りたいよ。」

馬車が橋にさしかかると、川の方から気持ちよい春風が流れてきた。

そうなのだ。私は、馬車も悪くないと思った。それは他の世界を知っているからだ。だが、馬車しか知らない人にはくらべようがない。そんな人々に、馬車に乗りつづけろとは言えないのだ。たまたま、そこに生まれ、七〇年、八〇年の生を終えていく人々に、キューバよ、そのままで、とは言えないのだ。


（文中、一部仮名）

欧州連合

ヨーロッパとは何か

岸本卓也

EU首脳会議の記者会見で「欧州憲法」の草案を示すEU議長国ギリシャのシミティス首相(左)と，ジスカールデスタン欧州協議会議長(2003年6月20日，ロイター・サン提供).

【国名】 欧州連合(EU)15カ国
ドイツ，フランス，イタリア，
オランダ，ベルギー，ルクセンブルク，
英国，アイルランド，デンマーク，
ギリシャ，スペイン，ポルトガル，
オーストリア，スウェーデン，フィンランド
【面積】 323万5000平方キロメートル
【人口】 3億7800万人(2001年)
【本部】 ブリュッセル(ベルギー)
【宗教】 おもにキリスト教
【国内総生産】 (15カ国合計)7兆9095億ドル(2001年)

欧州統合は新段階に

現代ほど「欧州《おうしゅう》(ヨーロッパ)とは何か」という問いかけが欧州の人々に重くのしかかっている時代はない。第一次世界大戦(一九一四―一九一八年)、第二次世界大戦(一九三九―一九四五年)の悲惨《ひさん》な戦場となった欧州は、二度と戦争を起こさないために国家間の連携《れんけい》を強固にする統合への道を歩んでいる。「欧州が一つになる」という夢が実現に向かっているだけに、一方で「国家とは何か」という問いかけも重要になっている。

戦争という手段を使わずに国家が平和的に統合する過程は歴史上に例がない。そのような平和な欧州を建設する機構が欧州連合(EU)である。もともとはフランスと西ドイツ(現ドイツ)が石炭と鉄鋼の生産を両国で共同管理することから始まった。両国とイタリア、オランダ、ベルギー、ルクセンブルクの六カ国による欧州石炭鉄鋼共同体(ECSC)が一九五一年に誕生し、これが母体となってEUへと発展してきた。

発足から半世紀をへても、EUの統合の過程は終わらない。まず、参加国が二〇〇四年には一五カ国から二五カ国に増える。冷戦時代に旧ソ連の支配下に入っていたポーランドやチ

EU 拡大の歩み

1951 年	欧州石炭鉄鋼共同体(ECSC)設立条約に調印
67 年	フランス，西ドイツなど 6 カ国が欧州共同体(EC)設立
73 年	英国，アイルランド，デンマークが加盟
81 年	ギリシャが加盟
86 年	スペイン，ポルトガルが加盟
90 年	東西ドイツ統一
95 年	オーストリア，スウェーデン，フィンランドが加盟し 15 カ国体制に
98 年	ポーランド，チェコなど 6 カ国が加盟交渉開始
2000 年	
2 月	スロバキア，ルーマニアなど 6 カ国が加盟交渉開始
12 月	EU 基本条約(ニース条約)採択
2002 年	
10 月	EU 首脳会議で欧州委員会の 10 カ国加盟勧告を承認

ェコなどの東欧諸国が参加する。「ＥＵはどこまで拡大するのか」という問いは、「欧州の境界はどこか」という問いと重なってＥＵに突きつけられている。

欧州の統合はＥＣＳＣの発足からわかるように、経済の統合から始まった。人（労働者）、物（製品）、カネ（資本）の国境をこえた移動を自由にすることによって、地域全体の経済市場を活性化させることをめざしてきた。その大きな到達点として、複数の国が共通の通貨を使用する欧州経済通貨同盟（ＥＭＵ）が一九九九年一月に発足し、共通通貨「ユーロ」が誕生した。二〇〇二年からは「ユーロ」の紙幣《しへい》や貨幣《かへい》が市中に出まわった。二〇〇二年現在で、ＥＵ加盟国のうち一二カ国が「ユーロ」を使用している。

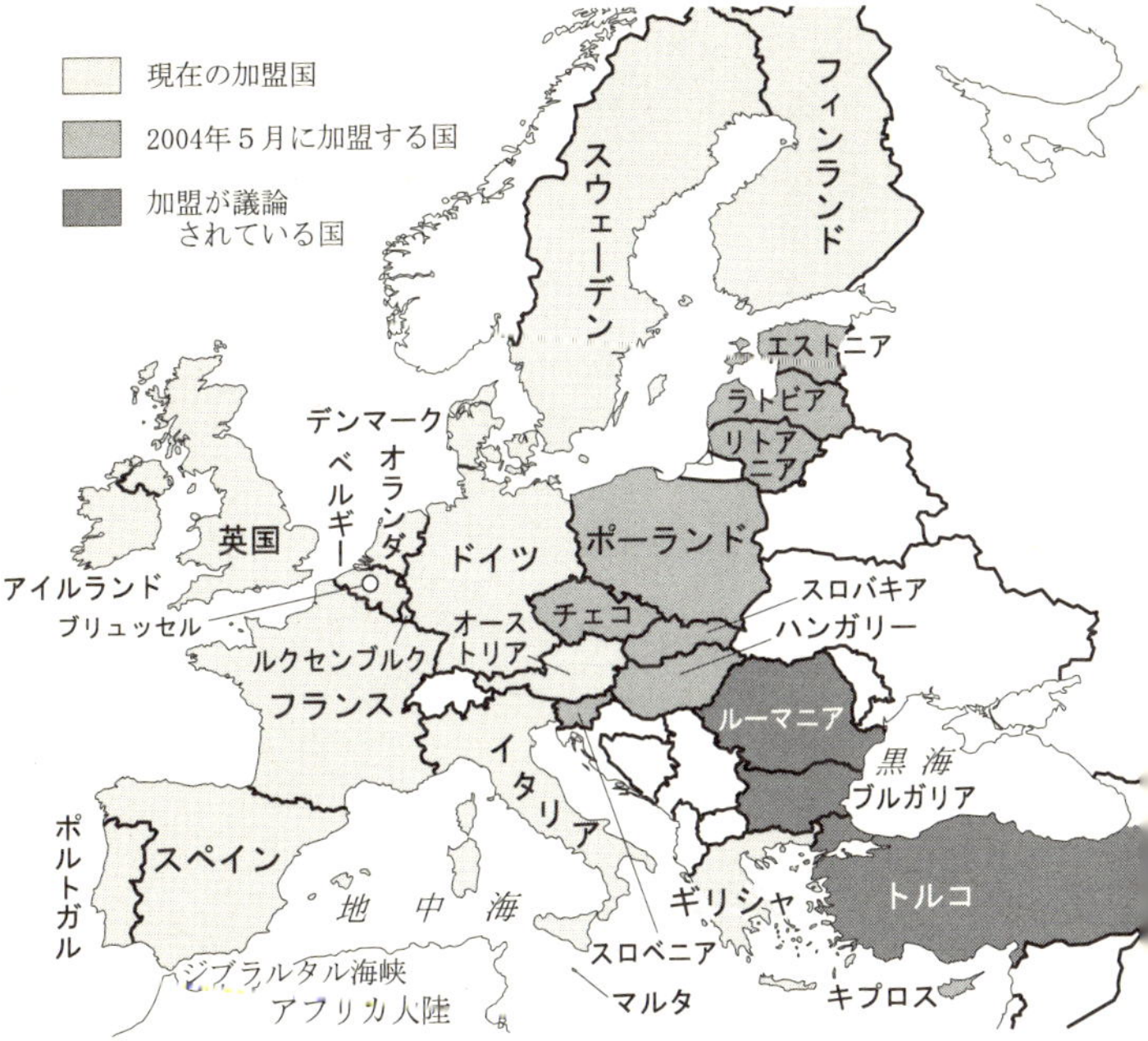

欧州統合は経済分野にとどまらない。共通の外交・安全保障《ほしょう》の強化や、犯罪の取り締まりを目的とする警察・司法制度での協力も進んでいる。統合が深まるにつれて、国家の権限はEUに移譲《いじょう》される。EUが国家をこえる存在になることへの心配も強い。このため、EUは各国の言語や文化を尊重し、多様性を維持することにも腐心《ふしん》している。EUは連邦国家に近い機構の内側で、各国が多様な文化を主張しあうユニークな国家連合

体といえる。

しかし、巨大化するEUに新たな試練がおとずれている。加盟国の増大がEUの結束力や機能を低下させるおそれが出てきた。さらに、欧州の安全保障をめぐって、米国の軍事力を信頼する英国などの国々と、欧州独自の防衛力を高めようとするフランスなどの国々との意見の違いも目立っている。また、EUの行政を動かす官僚組織が肥大化《ひだいか》し、行政と市民との距離が開き始めた。新たな段階に入ったEUの現状や課題を、具体的な事例を引きながらさぐってみよう。

安全保障で割れるEU

「戦争反対」のプラカードがロンドン、パリ、ベルリンなど欧州の主要都市の街路を埋めた。二〇〇三年二月一五日、米英が準備を進めるイラク攻撃に反対するデモが世界約六〇カ国でおこなわれ、英国の報道機関によると、参加者は一〇〇〇万人をこえたという。とくに欧州での参加者は五〇〇万人以上といわれ、第二次大戦後の反戦デモとしては最大級となった。

ロンドン中心部のハイドパーク周辺には五〇万人以上が集まった。市内の会社員のオリバー・リードさんは、「イラクの大量破壊兵器疑惑は国連の査察《ささつ》で十分だ。なぜ米国は国際協調の道を選ばず、単独でもイラクを攻撃しようとするのか」と怒った。イラク攻撃は、一国優先主義を強める米国に欧州がどのように対応するかで論議を巻き起こした。唯一の超大国となった米国に、欧州が大きく揺さぶられる時代が来たのである。

二〇〇一年九月一一日、イスラム過激派のテロ組織に乗っ取られた旅客機がニューヨークの世界貿易センタービルなどに衝突して、三〇〇〇人をこえる人々が犠牲《ぎせい》になった。この同時多発テロ事件を契機《けいき》に、米国は「テロとの戦い」に世界戦略の重点をおいた。米国は「テロとの戦い」の一環としてイラク、イラン、北朝鮮(朝鮮民主主義人民共和国)の大量破壊兵器の開発阻止《そし》を掲げ、軍事制裁を辞さない強硬《きょうこう》な態度でせまった。ついに英国とともに二〇〇三年三月にイラクを攻撃し、四月にはフセイン政権を打倒した。

欧州の大衆レベルでは反戦ムードが強かったが、各国政府のあいだでは、米国によるイラク攻撃に対して賛否が割れた。イラクの国際社会への脅威を戦争によって排除するのか、国連による査察などの平和的手段で解決をめざすかが争点となった。フランスとドイツが米国のイラク攻撃に反対したが、英国、スペイン、イタリア、東欧諸国などが米国を支持した。

同年二月にベルギー・ブリュッセルで開かれたEU首脳会議では、「戦争は不可避ではなく、武力行使は最後の手段とする」という議長総括で合意した。武力行使の時期などの争点を避けた玉虫色《たまむしいろ》の内容となった。分裂を決定的にしないために亀裂《きれつ》をおおいかくしただけだった。

首脳会議後の会見でシラク仏大統領は、東欧諸国が一致して米国支持を表明したことに対して、「EUの結束を考慮しない行動は加盟にも影響するだろう」と不快感をあらわにしたが、八つ当たりのような大統領の発言は、逆に東欧諸国の反発をまねいた。旧ソ連のくびきから解放された東欧諸国にとって、「国家の安全を守ってくれるのは米国」との思いが強い。東欧諸国の態度にシラク大統領がいくら悔《くや》しがっても、欧州各国の軍事力では欧州全体の安全を守れない。

冷戦時代は西欧の安全保障を、米国を盟主《めいしゅ》とする北太平洋条約機構（NATO）が担っていた。冷戦終結後もNATOは欧州の安全保障の要《かなめ》として存続し、多くの東欧諸国も二〇〇二年にNATOへの加盟が認められた。英国は「欧州の安全はNATOが担う」という方針を堅持《けんじ》しているが、フランスは米国に頼らない欧州独自の防衛機構の設立をめざしている。イラク攻撃をめぐるEU内部の亀裂は、欧州の安全保障をめぐって欧州各国のあいだに米国との距離感の違いがあることを示している。

ＥＵは一九九九年一二月にフィンランド・ヘルシンキで開いた首脳会議で、二〇〇三年までに危機管理や平和維持を目的とした緊急対応部隊を創設することで合意した。翌二〇〇〇年一二月のフランス・ニースでの首脳会議では、緊急対応部隊の総兵力は一〇万人以上（ドイツ約一万三五〇〇人、英国約一万二五〇〇人、フランス約一万二〇〇〇人など）、戦闘機四〇〇機、艦船一〇〇隻《せき》と決まった。ＥＵとしては初めての独自軍の性格をもっているが、実際の活動は、ＮＡＴＯの作戦や後方支援を補完する役割を担うことになりそうだ。

移民問題

ヨーロッパと北アフリカのあいだを区切るジブラルタル海峡《かいきょう》。モロッコなど北アフリカ沿岸から海峡を渡ってスペインに密入国をくわだてる者があとを絶たない。近年では毎年一万人以上が検挙《けんきょ》されている。遭難《そうなん》して命を失う者も多く、スペイン側の海岸では連日のように遺体が漂着している。豊かな欧州をめざすルートはジブラルタル海峡だけでなく、中東やロシア方面から欧州各国に入る陸路のルートもある。

密入国者の中には、入国後に難民としての保護を訴える者が多い。欧州各国政府は難民保護を申請する者に対して難民かどうかを審査する。審査期間中は生活を保障することになり、

主要国の難民審査申請者数

2002年の順位		2000年	2001年	2002年
1	英国*	98900	92000	110700
2	米国	63700	86400	81100
3	ドイツ*	78564	88287	71127
4	フランス*	38747	47291	50798
5	オーストリア*	18284	30135	37074
6	カナダ	37858	42746	33442
7	スウェーデン*	16303	23515	33016
8	スイス	17611	20633	26217
9	ベルギー*	42691	24545	18805
10	オランダ*	43895	32579	18667
11	ノルウェー	10842	14782	17480
12	アイルランド*	11096	10325	11634
13	スロバキア	1556	8151	9739
14	チェコ	8787	18087	8481
15	イタリア*	15564	9620	7281
32	日本	216	353	250
	EU15カ国	391275	388372	381623

国連難民高等弁務官事務所(UNHCR)調べ.
*は欧州連合(EU)加盟国. 単位は人.

その費用の負担が政府にのしかかっている。不法入国者といえども人道的対応をとらなければならないが、英政府などは「難民保護を求める人々は、祖国で政治的迫害を受けたというよりも、外国で職を求めたいという経済的な目的の人々が増えた」として、国外退去を命じやすくするために難民審査の簡素化を打ち出している。

EU各国のあいだでは国境の旅券検査を廃止している国が少なくない。たとえば、べルギーに入国した外国人はオランダに入るときに国境で検問を受けずに入れる。つまり、ベルギーへの不法入国に成功した者は、オランダにも自由に入れることになるのだ。

不法移民や難民の問題は、外国人労働者の受け入れ問題とからんでくるために論議は複雑化する。「移民の受け入れが失業者の増加をまねく」という意見と、「職種によっては労働者が不足しているから移民を受け入れるべきだ」という意見が対立する。とくに高齢化問題を抱える国々では、若年労働者の不足を外国人労働者で補おうという考え方が強まりつつある。

ＥＵの経済統合の目標は人(労働者)、物(製品)、カネ(資本)の自由な移動だが、人の移動の中でも労働者の移動はまだ簡単ではない。たとえば、ポーランドは二〇〇四年にＥＵに加盟するが、加盟後も七年間は、ポーランドの労働者がドイツなどの就労権を認めない国で働くことはできない。ドイツなどの西欧各国が「安い賃金でも働くポーランド人労働者が自国内に流入すれば自国民の失業者が増える」と恐れたからだ。

移民問題は、各国の経済や社会の構造に直接的な影響を与える。それだけに、ＥＵ各国の対策を一本化することは難しい。

官僚化と市民意識

「キログラムやメートルではなくポンドやインチを使って処罰《しょばつ》されるのは人権侵害だ」と英国の青果商業者五人が二〇〇二年八月、フランス・ストラスブールにある欧州人権裁判所に訴えた。英国は一九七三年にＥＵの前身の欧州共同体（ＥＣ）に加盟し、メートルなどＥＣ各国の度量衡《どりょうこう》の単位の国内普及が進んだ。現在では、違反した場合は罰金などが科せられる。原告のスティーブ・ソバーンさんは「英国人が英国で使ってきた度量衡の単位を使っていいはずだ」と主張する。また、英国の人権団体も「政府が指定した度量衡の単位を使わなかったからといって罰するのは行き過ぎだ」と原告を支援している。使いたい度量衡の単位を使用できないことは人権を侵害しているのだろうか。

ＥＵに加盟するということは、ＥＵの規則に従わなければならないということだ。ＥＵは経済統合を効果的に進めるために、度量衡だけでなく食料品から工業製品の規格まで細かく統一する。これをＥＵ標準とも呼ぶが、それぞれの国や地域の伝統的な生活に適合しない場合が生じる。二〇〇四年に加盟する東欧諸国など一〇カ国に、ＥＵは書類にして約八万ページにおよぶ規則を守るよう求めている。

法制度の一元化は、ＥＵからの指令が域内に伝わりやすくなる反面、地域住民がＥＵの官僚たちによる中央集権主義に反発を感じる場合もある。ＥＵの官僚は「ユーロクラート」と呼ばれる。欧州を意味する「ユーロ」と官僚を意味する「ビューロクラート」を合成した造《ぞう》語《ご》だ。「ユーロクラート」は、ベルギーの首都ブリュッセルにあるＥＵ本部を中心に三万三〇〇〇人。加盟国増大でＥＵ官僚も増える見通しだ。

一方、ＥＵは参加各国の言語や文化を尊重する多文化主義《たぶんかしゅぎ》を掲げている。ＥＵは全加盟国の言語を公用語とし、公文書は全加盟国の言語に翻訳《ほんやく》する。通訳・翻訳の職員だけで約四〇〇〇人で、二五カ国体制になれば倍増される。通訳・翻訳の経費は年間八億ユーロ（約一〇〇〇億円）にのぼるが、参加国増大で経費の方も大きく上昇する。

ＥＵの行政をつかさどる欧州委員会のプロディ委員長は、「ＥＵは世界初の国家をこえた行政機関だ」と、国境をこえた行政を展開するＥＵを自賛するが、クラウス・チェコ大統領は「ＥＵの中央集権主義は国家を弱体化させる」と、ＥＵの官僚主義に批判的だ。行政機能の強化と多文化主義をどのように両立させるかも、ＥＵの深刻なテーマといえる。

ＥＵの将来像

統合が進むＥＵは将来的にどうなるのか。ＥＵは巨大な連邦国家になるのか、それともゆるい国家連合にとどまるのか。いずれにしても統合が進めば進むほど中央集権的な連邦国家に近づくことが考えられるが、多言語で多文化の欧州をたばねる連邦国家をつくりあげることは難しい。しかもＥＵに参加する多くの国が、国家の消滅などは考えていない。

ＥＵは二〇〇四年に一五カ国から二五カ国に加盟国が増大する。加盟国が増えれば意見をまとめることが難しくなる。統合どころか分裂の危機さえ生じかねない。ＥＵの機構や政策決定の方式などは、一九五七年のローマ条約、九二年のマーストリヒト条約、二〇〇一年のニース条約などで改定されてきた。つまり、ＥＵを建物にたとえれば、その構造が改築や増築で複雑化し、いびつな形をしているのだ。

ＥＵの機構や制度をすっきりと体系化するためには「ＥＵの憲法」が必要となる。このため、ＥＵは二〇〇二年二月、欧州協議会と呼ばれる諮問《しもん》会議を発足させ、「ＥＵの憲法」の草案づくりを委託した。欧州協議会はジスカールデスタン元フランス大統領を議長とし、加盟各国や参加候補国から選ばれた一〇五人の代表がこれに参加した。協議会の作成した「ＥＵの憲法」の草案は、翌二〇〇三年六月のＥＵ首脳会議で承認された。草案は同年一〇月から開く政府間会議で細部を協議したうえで、各国政府が調印する。

草案は外交、安全保障で一定の代表権をもつ「大統領」の職や、共通外交政策を推進する

欧州人としての意識と国民としての意識のどちらを感じるか

(2002年秋)

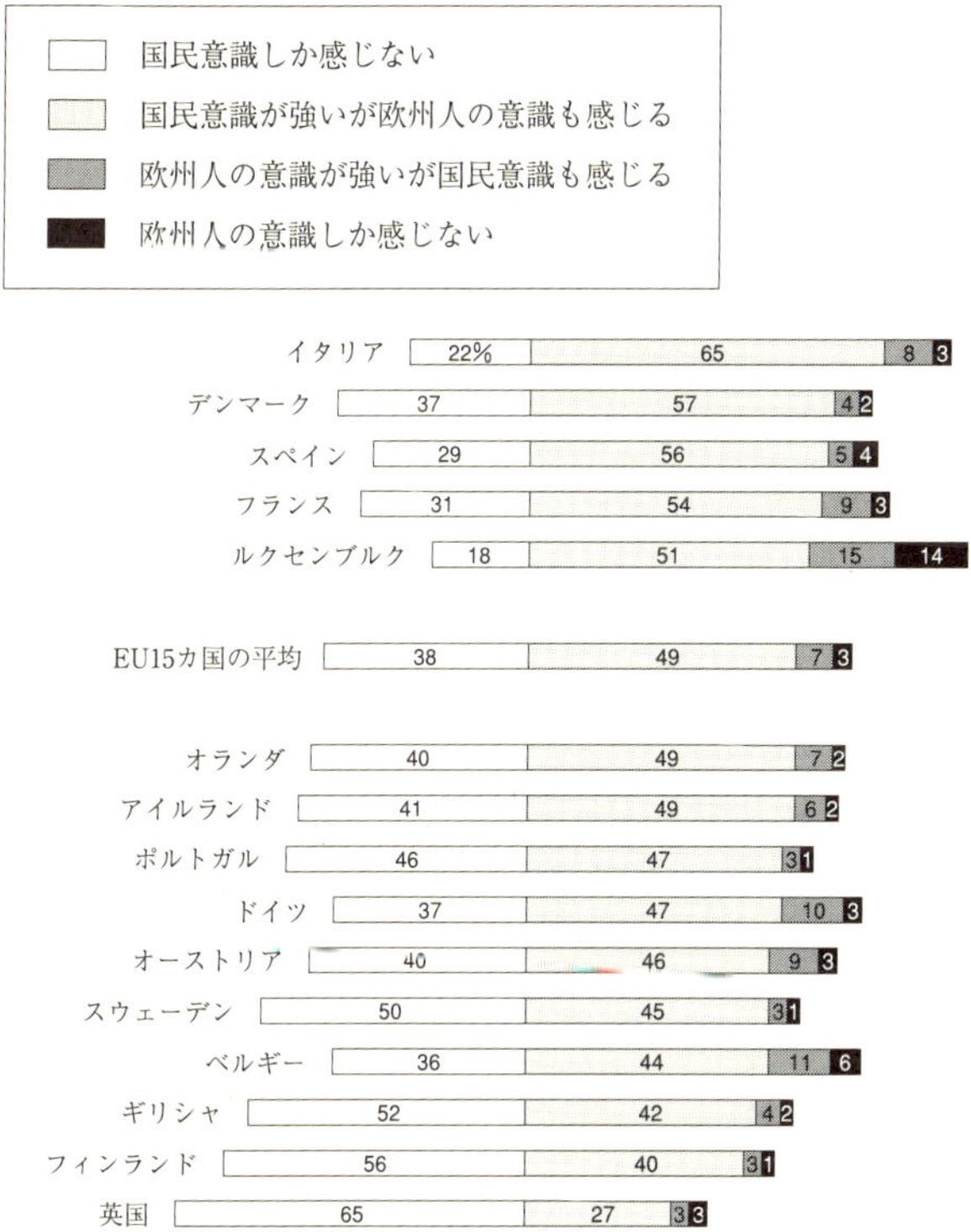

EU市民のEUと国家に対する帰属意識調査(欧州委員会が委託した調査でEU各国から1000人ずつ〔ルクセンブルクは600人，英国は1300人，ドイツは2000人〕を対象に調べた)より．

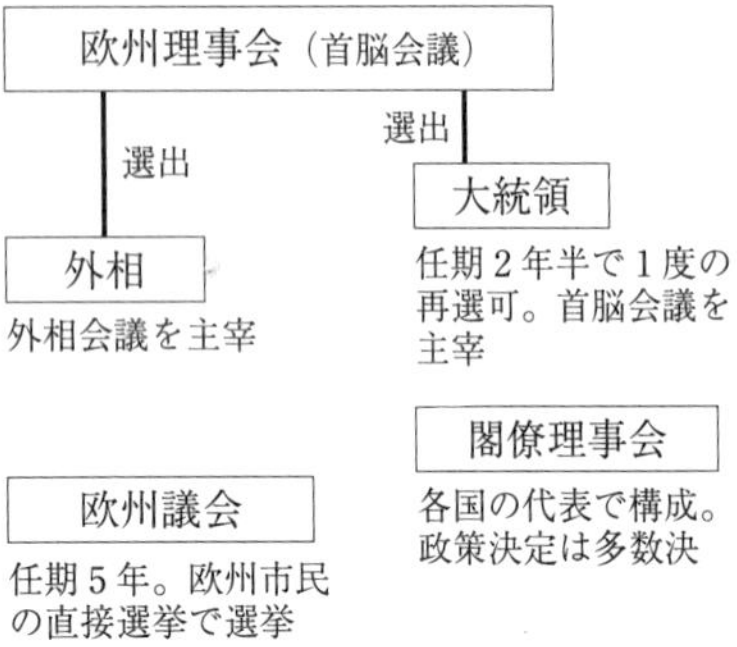

欧州憲法(草案)下での組織図

ための「外相」の職を新設した。「大統領」は最高機関である欧州理事会(首脳会議)を主宰《しゅさい》し、任期は二年半。また、全会一致方式で決める議案を減らして、加盟国の人口の多少に比重をおいた多数決方式の採用をもりこんだ。「大統領」の導入と多数決方式の多用でEUの機能強化を図るのがねらいだ。

加盟国のあいだでは、「大統領」に与えられる権限の内容や、多数決方式の場合に各国別に割り当てられた持ち票の見直しなどで対立がある。こうした対立を克服するためには、大欧州の建設という大事業を実現させようという各国の意思の継続が必要となる。

トルコの加盟問題

最後にトルコの加盟問題に触れておこう。二〇〇四年にEUは二五カ国体制になるが、さらにルーマニアとブルガリアが二〇〇七年にも加盟する見込みだ。これでEU拡大の動きは一息つくとみられている。残る欧州の国々でEU加盟をめざすのはクロアチア、セルビアなど旧ユーゴスラビア諸国となるが、旧ユーゴ紛争で受けた経済的な打撃や民族対立の後遺症《こういしょう》を乗り切るまでには時間がかかる。しかし、EUにとってはトルコの加盟問題の方が悩ましい。

EUの前身であるECの時代から加盟を熱望してきたトルコは、一九九九年一二月のヘルシンキ首脳会議でようやく正式の候補国に認められた。EUの主要国は公式にはトルコ加盟を支持しているが、実際の加盟交渉は「人権問題の改善が遅れている」として進展していない。トルコ国会は二〇〇二年八月、クルド語による教育や放送の禁止を撤廃することや、死刑制度の廃止などを承認したが、EUは「事態を注視《ちゅうし》する」として加盟交渉の開始は見送った。

トルコの加盟が進展しない理由として、経済的な理由をあげる声もある。トルコの人口は六八〇〇万人。EUに加盟すれば、ドイツの八二〇〇万人に次ぐ人口大国になる。ドイツにくらべて出生率が高いことから、将来的にはドイツを抜く可能性もある。しかし、一人当たりの国民総所得は、二〇〇一年の統計でドイツが二万三七〇〇ドルに対して、トルコは約一〇分の一の二五四〇ドル。つまり、これだけ大きな経済格差がある人口大国がEUに加盟すれば、経済統合が進んだＥＵにとって大きな負担となるからだ。

　欧州の人々にとって「トルコは欧州か」という基本的な疑問があることも、加盟交渉の障害になっている。欧州の市民社会はキリスト教の規範《きはん》や文化で成立している面が強い。イスラム教の国であるトルコに対する抵抗感は決して小さくはない。「ＥＵの憲法」の草案を作成した欧州協議会の議長、ジスカールデスタン元フランス大統領は、『トルコを加盟させたらＥＵは終わりだ」と述べ、トルコの政治家たちから「ＥＵはキリスト教国のクラブか」と反発の声があがった。

　市場経済、民主主義、人権尊重などの理念で結ばれた地域という概念だけで欧州を定義することができるのだろうか。ＥＵの統合は「欧州とは何か」という問いへの解答を見つける作業でもある。

世界はいまどう動いているか　岩波ジュニア新書 445

2003年8月20日　第1刷発行
2004年2月5日　第2刷発行

編著者　毎日新聞外信部《まいにちしんぶんがいしんぶ》

発行者　山口昭男

発行所　株式会社 岩波書店
〒101-8002 東京都千代田区一ツ橋 2-5-5

電　話　案内 03-5210-4000　販売部 03-5210-4111
ジュニア新書編集部 03-5210-4065
http://www.iwanami.co.jp/

印刷・理想社　カバー印刷・NPC　製本・中永製本

ISBN 4-00-500445-8　Printed in Japan

岩波ジュニア新書の発足に際して

きみたち若い世代は人生の出発点に立っています。きみたちの未来は大きな可能性に満ち、陽春の日のようにひかり輝いています。勉学に体力づくりに、明るくはつらつとした日々を送っていることでしょう。

しかしながら、現代の社会は、また、さまざまな矛盾をはらんでいます。営々として築かれた人類の歴史のなかで、幾千億の先達《せんだつ》たちの英知と努力によって、未知が究明され、人類の進歩がもたらされ、大きく文化として蓄積されてきました。にもかかわらず現代は、核戦争による人類絶滅の危機、貧富の差をはじめとするさまざまな人間的不平等、社会と科学の発展が一方においてもたらした環境の破壊、エネルギーや食糧問題の不安等々、来るべき二十一世紀を前にして、解決を迫られているたくさんの大きな課題がひしめいています。現実の世界はきわめて厳しく、人類の平和と発展のためには、きみたちの新しい英知と真摯《しんし》な努力が切実に必要とされています。

きみたちの前途には、こうした人類の明日の運命が託されています。ですから、たとえば現在の学校で生じているささいな「学力」の差、あるいは家庭環境などによる条件の違いにとらわれて、自分の将来を見限ったりはしないでほしいと思います。個々人の能力とか才能は、いつどこで開花するか計り知れないものがありますし、努力と鍛錬の積み重ねの上にこそ切り開かれるものですから、簡単に可能性を放棄したり、容易に「現実」と妥協したりすることのないようにと願っています。

わたしたちは、これから人生を歩むきみたちが、生きることのほんとうの意味を問い、大きく明日をひらくことを心から期待して、ここに新たに岩波ジュニア新書を創刊します。現実に立ち向かうために必要とする知性、豊かな感性と想像力を、きみたちが自らのなかに育てるのに役立ててもらえるよう、すぐれた執筆者による適切な話題を、豊富な写真や挿絵とともに書き下ろしで提供します。若い世代の良き話し相手として、このシリーズを注目してください。わたしたちもまた、きみたちの明日に刮目《かつもく》しています。（一九七九年六月）

353 川に親しむ　松浦秀俊著
気を付けて探せば身近にはまだ自然豊かな川がある。水に入り自分の手に生き物のうごめきを感ずる――この感触こそが、命の尊さ、環境の大切さを本当に理解させる。

354 インターネット英語入門　小林順著
ネット上で英語を使って情報を得、発信することは21世紀必須の教養。教科書からは得られないその方法を英語サイトに沿って具体的に伝授。

355 役に立つ植物の話 ―栽培植物学入門―　石井龍一著
文明は栽培から始まった。多くの作物のたどってきた道と、それを巡る人間の営みの多彩な歴史を顧みながら、現代農業、食糧問題、さらに私たちの将来を考える。

356 映画少年・淀川長治　荒井魏著
「映画の先生」として親しまれ、89歳で亡くなった人生の達人淀川長治さんが、最後の日々に若者たちに伝えたかったこととは？　感動の評伝。

357 大学活用法　岩波書店編集部編
大学ってどんなところ？　どう学んでどう利用するのが一番いいの？　進学を控えた高校生たちに向けて、各界の14人の先輩が心をこめて贈る、究極の大学活用案内。

358 数学の小事典 事典シリーズ【2色刷】　片山孝次・大槻真・神長幾子著
「数」「式」から「三角関数」「微積分」まで、高校で学ぶ数学を一冊でカバー。どこからでも面白く読め、基礎からよくわかる。興味深い話題もやさしく解説。

359 大地の躍動を見る ―新しい地震・火山像―　山下輝夫編著
地震・噴火。しばしば大災害をひきおこす大地の動きの正体は、ここまで解明されてきた。数々の研究、科学技術の最先端の成果を、我が国の第一人者たちが解説する。

360 博物館を楽しむ ―琵琶湖博物館ものがたり―　川那部浩哉編著
来観者は展示物に直に触れ体験し、館外活動に参加する。多くの新理念を掲げた琵琶湖博物館創設の生きたドラマを通し、現代の博物館活動の理解と、楽しみ方を解説。

361 現代社会100面相 第3版
鎌田慧著
大不況、IT革命、少年犯罪……加速度的に崩壊・再編が進む日本社会の様相を一〇〇項目に要約して鋭く分析。ルポライターによる定評ある「現代社会」入門、大幅改訂。

362 英会話の基本表現100話
小池直己著
厳選したイディオムやフレーズをもとに作成した日常会話のスキット一〇〇で、英語らしい表現を身につけよう。英検やTOEIC対策にも。丸ごと収録した8㎝CD付。

363 化学物質の小事典
事典シリーズ【2色刷】
伊東・岩村
齋藤・渡辺著
プラスチック・コンクリート・種々の薬品、ダイオキシンや核燃料などを一挙に集めてやさしく解説。水・金属・タンパク質などの基本物質も、読めば目から鱗。

364 読書を楽しもう
岩波書店編集部編
多くの情報が手軽に得られる現代。しかし最も心に残り、心の糧として残るメッセージは本でしょう。各界一流の〝本読み〟諸氏が語る、本と読書への熱い思い。

365 物理が苦手になる前に
竹内淳著
「慣性の法則」から「万有引力」まで、ニュートン力学を中心とした物理学の基礎中の基礎がこの一冊でわかる。物理という科目への苦手意識や数式アレルギーも解消！

366 もっと知ろう朝鮮
尹健次著
古代からの文化交流、近代日本の歴史が落とす深い影、現代の南北朝鮮のありようや六十数万人が暮らす在日朝鮮人をめぐる状況をもっとよく知り、共生の道を探ろう。

367 生物の小事典
事典シリーズ【2色刷】
石浦章一
小林秀明
塚谷裕一著
ゲノム解読は何を意味するのか、クローン技術は何をもたらすのか？ DNA・細胞・免疫からこころ・老化・種の絶滅までを、現代生物学の視点でやさしく解説。

368 新植物をつくりだす
岡田吉美著
植物バイオテクノロジーは、従来できなかった夢の新植物をつくる道を拓いた。これがもたらすのは人類の将来への光か影か？ 今こそ科学的に正しい理解が必要だ。

岩波ジュニア新書

369 地震と火山の島国 ―極北アイスランドで考えたこと― 島村英紀著

地球物理を研究する科学者が、地震と火山に覆われた世界最北の小国アイスランドの自然と文化、人々の暮らしを暖かなまなざしで描く。

370 世界の気象 総めぐり 土屋愛寿著

こんなにも違う人々の暮らし！ 異なる文化の底には、それを形成してきた地球独特の気候がある。自分の足で地球を踏破した著者が語る、世界の気象の魅力。

371 やさしいコンピュータ入門 山本喜一著

基本的な算術計算のしくみを押さえた上で、通信や画像処理などの利用分野、ネット社会の未来へと話を展開。ＩＴ時代のたよれる基本書！

372 科学に魅せられた日本人 ―ニッポニウムからゲノム、光通信まで― 吉原賢二著

かつての不自由な条件下、世界の舞台で真理の解明に挑んだ科学者たち。彼らを支えたのは、個性あふれる発想と大きなビジョンであった。

373 会社とは何か 奥村宏著

この本は、会社の発生、種類、組織からはじめて、その社会にはたす役割と問題点、二一世紀の会社像までのすべてを解説した待望の入門書です。

374 骨と骨組みのはなし 神谷敏郎著

動物の姿は骨と骨組みで決まり、それは動物の生活を表わす。長い進化の過程で変わってきた動物の骨組みは、私たちに何を語るか。

375 日本科学の先駆者 高峰譲吉 ―アドレナリン発見物語― 山嶋哲盛著

アドレナリンとタカ・ジアスターゼの発見で名高い高峰譲吉は、独創的な研究とベンチャー精神から、サムライ科学者とよばれ尊敬された。

376 ビデオ・レッスン ―撮り方・楽しみ方― 渡辺浩著

一歩進んだビデオの表現に挑戦してみよう。このレッスンでは、撮影・編集の基礎から、映像の文法をわかりやすく指導してゆきます。

377 20世紀を一緒に歩いてみないか　村上義雄著

20世紀とは一体どういう時代だったのか。日本現代史のトピックを中心に80項目を選出、縦横に解説し、読者を歴史の現場に案内する。

378 水を知ろう　荒田洋治著

これほどありふれた、しかし生命に不可分の、生活との深い関わりをもった物質はない。水という単純な化合物の広い世界とその実像を探る。

379 理科がおもしろくなる12話　山口幸夫著

地球温暖化・環境ホルモン・度重なる原発事故など、今日の科学文明の抱えた難題をやさしく解説した「理科総合」の学習に最適の一冊。

380 なぜ私はこの仕事を選んだのか　岩波書店編集部編

いま活躍中の映画監督やミュージシャン、フォトジャーナリストやパン職人、高校教師が語る、進路決定に悩む人へのメッセージ集。

381 農業という仕事 ―食と環境を守る―　大江正章著

若者を中心に、各地でいきいきと農業をし、地域を変えている人たちの仕事ぶりや思いを紹介、農業の魅力と新しい可能性に迫る。

382 なぜ国語を学ぶのか　村上慎一著

何のために学ぶのかを知りたい国語嫌いも、より楽しく学びたい得意な人もいらっしゃい！ 先生と考えながら、疑問を解決します。

383 筋肉はなぜ動く　丸山工作著

動く組織――動物を特徴づけている筋肉は、なぜ、どのように動くのか。世界的発見をした著者が語る筋収縮の謎と謎解き。

384 この国のゆくえ ―教科書・日の丸・靖国―　梅田正己著

教科書、日の丸・君が代、戦争と平和の問題を中心に、過去一〇年を振り返る。問題の本質を見きわめ、この国の将来を考えよう。

岩波ジュニア新書

393 ルネサンス　澤井繁男著

一四世紀イタリアで興った文化運動ルネサンス。教会の権威が揺らぐ中で、あらゆる分野でギリシア・ローマ文化の〈再生〉が行われた。

394 宇宙物理への道　—宇宙線・ブラックホール・ビッグバン—　佐藤文隆著

第一級の宇宙物理学者が、本や科学との出会い、勉強法、湯川秀樹への憧れから足を踏み入れた宇宙物理研究の醍醐味を痛快に語る。

395 自分をつたえる　荒田洋治著

英語でも日本語でも、自分を自分らしく表現して主張するときに大切なこととはなんだろうか。言葉と向き合うためのアドバイス。

396 音楽でバリアを打ち壊せ　菊地昭典著　千坂コウイチロウ写真

「障害のある人とない人」が共演した「とっておきの音楽祭」。開催をめぐる感動のドキュメンタリー。躍動感あふれる写真を満載。

397 地磁気逆転X年　綱川秀夫著

地球の磁極(S極・N極)は、これまで何百回となく逆転してきた。次の逆転はいつか、そして人類はどう立ち向かうのか。

398 恋の歌、恋の物語　—日本古典を読む楽しみ—　林望著

「恋」をテーマに、『万葉集』『古今集』『伊勢物語』『源氏物語』など、日本の代表的な古典の魅力を、おなじみリンボウ先生が自由自在に語る。

399 ピーター流わくわく旅行術　ピーター・フランクル著

「人と出会ってこそ旅」。数学者にして大道芸人、旅の達人ピーターから自分探しの旅への誘い。護身術など役立つ旅のノウハウも一挙公開。

400 漢字のサーカス　馬場雄二著

イラストパズルを解きながら小学校で習う教育漢字一〇〇六字とその熟語をマスター。デザインとしての漢字の楽しさが再発見できる本。

416 15歳のナガサキ原爆　渡辺浩著

広島・長崎の悲劇から半世紀以上。今こそ語りたい、あの日に見た地獄のこと、死んでいった同級生のこと…。渾身のメッセージ。

417 数学とっておきの12話　片山孝次著

「なぜ因数分解を習ったり、方程式を解いたりしなくちゃいけないの？」なんて、もう言わせません！12話で数学の真髄に迫ります。

418 日本語のレトリック　—文章表現の技法—　瀬戸賢一著

魅力的なことばやたくみな文章表現で、読む者に強い印象を与えるレトリック。漱石や井上ひさしなど数多くの小説や随筆，詩で味わう。

419 縄文のくらしを掘る　阿部芳郎著

遺跡を歩き、掘り、土器を再現することで縄文の生活がいきいきとよみがえってくる。疑問と推理が楽しい考古学入門。

420 書を楽しもう　魚住和晃著

中国の名書家たち、空海や良寛、さらに現代人の書にはどんな魅力があるのか。基礎知識を多く盛りこみ、書を楽しめるようになる本。

421 漢字のはなし　阿辻哲次著

世界で唯一の現役の古代文字・漢字。その歩みの興味深い逸話から漢字文化の面白さを語ります。基本漢字の驚くべき字源も紹介。

422 すばる望遠鏡　家正則著

二〇〇〇年から本格稼動したハワイのすばる望遠鏡。ライフワークとする著者が、建設の苦労や最新の成果をエピソードと写真で紹介。

423 図書館へ行こう　田中共子著

本が好きでも嫌いでも、読書の初心者でも達人でも、きっと今すぐまちの図書館へ行ってみたくなる図書館大活用術。

424 カラー版 千石先生の動物ウォッチング
―ガラパゴスとマダガスカル―
千石正一著
ガラパゴスのゾウガメやイグアナ、マダガスカルのカメレオンやアイアイ。ぼくが世界各地で撮った不思議な動物たちの写真をお目にかけよう。

425 筋ジストロフィーの高校生、宇宙を学ぶ
千頭一郎著
教育プロジェクト「宇宙をこの手に」を学び、他校生や研究者との交流によって世界が広がる。先生と生徒が取り組んだ感動のドラマ。

426 小論文トレーニング
貝田桃子著
書くことの苦手な皆さん、センセイと一緒に悩み、勉強しましょう。小論文や作文は考え方を鍛える自分磨きの一番いい方法です。

427 心理学ってどんなもの
海保博之著
大学で何を学ぶか、進路や資格はどうか、心はどこまでわかったかなどの疑問に答える形で、心理学の現状を説明。〈心の実験室〉も設ける。

428 量子力学とはなんだろう
長岡洋介著
私たちの生活を支える先端技術の基本となる量子力学。この考えを、成り立ちにふれながら、豊富な図や写真で基礎の基礎から解説します。

429 はじめての和楽器
石川憲弘編著
中学校の音楽に和楽器が登場。とにかく触って音を楽しんでみよう！演奏家たちがその魅力と奏法をわかりやすく解説します。８㎝ＣＤ付。

430 イスラームを知ろう
清水芳見著
教えの基本、礼拝や断食の実態、死や来世の考え方…。「過激な宗教」と思われがちなイスラームの、柔軟性にとんだ素顔を紹介する。

431 アフリカ大陸から地球がわかる
諏訪兼位著
「地球の古文書館」アフリカ大陸で長年地球科学的調査を行ってきた著者が、地球の歴史解読の醍醐味を、図や写真を交えて語ります。

岩波ジュニア新書

440 カラー版 本ができるまで　岩波書店編集部編

グーテンベルクから現在までの書物の発達を興味深くたどり、人間の知恵が注ぎ込まれた本という器の作られ方のすべてを解説。

441 ヨーロッパ思想入門　岩田靖夫著

近現代哲学を支えるギリシアの思想とヘブライの信仰。二つの源泉の本質を探り、近現代への浸透を分析。ヨーロッパ思想がクリアーに見える。

442 実験大好き！化学はおもしろい　盛口襄著

実験名人、元高校化学教師のおじさんに、高校生コンビの突っ込み炸裂。苦手な人も、化学を楽しみましょう。モルもらくらく克服。

443 山の自然教室　小泉武栄著

大雪渓とお花畑の白馬岳、縞枯れ現象が観察できる八ヶ岳など、日本の山は不思議と楽しさがいっぱい。バラエティーに富む自然をガイド。

444 調べてみよう エネルギーのいま・未来　槌屋治紀著

新エネルギーは省資源や環境にいいの？　効率は？　じっさいに調べてみましょう。太陽電池や燃料電池の時代はけっこう近そうです。

445 世界はいまどう動いているか　毎日新聞外信部編著

いま激動のさなかにある10の国と地域に焦点をあて、現状や経緯、見通しをやさしく解説。国際理解のための確かな視点を提供します。

446 化学と物理の基本法則　鈴木皇著

中学・高校で学ぶ、化学と物理の基本的な法則や定数、原理などを、徹底的にやさしく説明。相対論など、現代物理学用語もわかります。

447 青春俳句をよむ　復本一郎著

たった十七音で表現される青春の一シーン。明治の作家から現代高校生の作品までたっぷり鑑賞して、楽しい俳句世界へ入門！

(2003.10)　(A)